人邮普华
PUHUA BOOK

我们一起解决问题

从休学到复学

王　铮◎著

如何帮助孩子
回归课堂

人民邮电出版社
北　京

图书在版编目（CIP）数据

从休学到复学 ： 如何帮助孩子回归课堂 / 王铮著．
北京 ： 人民邮电出版社， 2025. -- ISBN 978-7-115
-57585-2

Ⅰ. G442

中国国家版本馆 CIP 数据核字第 202592QA23 号

内 容 提 要

在家长看来，休学无异于在孩子的生命历程中按下了暂停键，给孩子的未来蒙上了一层阴影，家长在感到十分焦急的同时，也会运用各种方法，通过各种途径让孩子尽快回到学校，似乎只要孩子回到学校一切就恢复了原样。但是，孩子到底能不能复学，大部分家长并不了解。

本书从 8 个维度进行科学评估，告诉家长，孩子是否具备复学的条件，复学后需要注意什么。本书包含两部分，第一部分深入剖析孩子复学面临的种种问题，如生理层面的昼夜颠倒、躯体反应、异常行为，心理层面的情绪障碍、认知困境，社会层面的家庭关系、校园关系断裂等，有针对性地打造全方位的支持系统，为孩子顺利复学提供助力。第二部分探讨孩子社会功能受损的各种情况及其成因，为社会联结重建、创伤疗愈、亲子关系修复提供科学有效的方法和策略，助力孩子重拾自信，顺利回归社会。书中的案例均来自真是的心理咨询，可以为家长示范如何与孩子沟通。

本书适合家长、教师、心理咨询师阅读。

◆ 著 王 铮
责任编辑 杨 楠 柳小红
责任印制 彭志环

◆人民邮电出版社出版发行 北京市丰台区成寿寺路 11 号
邮编 100164 电子邮件 315@ptpress.com.cn
网址 https：//www.ptpress.com.cn
北京捷迅佳彩印刷有限公司印刷

◆开本：880×1230 1/32
印张：7.25 2025 年 5 月第 1 版
字数：120 千字 2025 年 11 月北京第 2 次印刷

定 价：49.80 元

读者服务热线：（010） 81055656 印装质量热线：（010） 81055316
反盗版热线：（010） 81055315

目　录

第一部分

复学指南：如何帮助孩子突破困境、重启希望

第二部分

孩子的社会功能修复与亲子关系重建

第一部分

复学指南

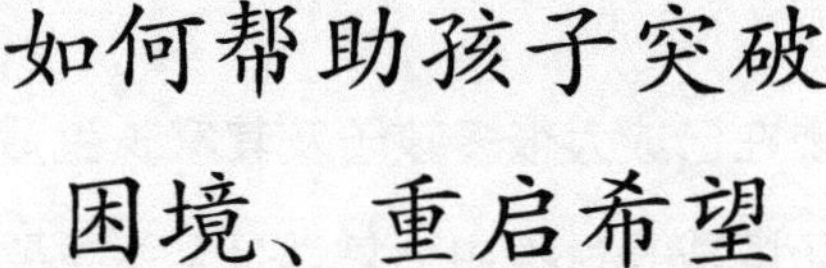

如何帮助孩子突破
困境、重启希望

您的孩子还在上学吗？现在处于什么样的状态？

您的孩子有没有因为某些原因不能上学而请长假甚至休学？

您跟孩子是怎么相处的？

您有没有因为孩子不能上学而心急如焚？

《2024儿童青少年抑郁治疗与康复痛点调研报告》显示：被诊断为情绪障碍的子样本中，被确诊首次发病的平均年龄为13.41岁。在有休学经历的孩子中，第一次休学的平均年龄为13.74岁，主要集中在14岁。被诊断为情绪障碍的子样本中，三成以上至少共病一种其他心理疾病，睡眠障碍、强迫症是最常见的共病。

休学现象现在已成为很多孩子及其家长生活中不能承受之重。在这些孩子的成长过程中，复学是至关重要的转折点。复学是希望，但过程中也充满挑战。本部分内容聚焦孩子复学的问题，为家长和孩子做出全面且极具实操性的指引。

我们会深入剖析孩子休学的复杂原因，如学业压力的增加、人际交往中的困惑、家庭环境中的混乱等，这些都会使孩子陷入迷茫，找不到未来的方向。在科学评估环节，我们会从生理层面的睡眠、饮食、运动节律开始阐述，到心理层面的情绪、认知、信念，再到行为层面的日常表现与异常表现，乃至家庭层面的夫妻关系、亲子关系，多维度剖析孩子的状况。

在生理层面，我们将深度解读睡眠障碍与躯体警报，如昼夜颠倒、入睡困难、噩梦纠缠等，指引家长识别并理解孩子的困境，助力孩子生理调适。在心理层面，精准剖析抑郁、焦虑、恐惧、暴躁等情绪的根源，详述认知转化、情绪表达、自我接纳等情绪调节策略，照亮孩子情绪管理的通道。在认知层面，全力打破不合理信念这一枷锁，帮助孩子重塑思维，激发其复学的动力；为家长提供引导、包容与接纳的良方，助力孩子回归校园。

我们通过打造全方位的支持体系，引导孩子明晰复学目标、保障睡眠、应对压力、洞察自我、改善行为与优化人际关系，培育自主成长的能力，为孩子复学注入核心动力。

第一章

困境与希望

青少年厌学乃至休学是一个复杂的社会现象。孩子们陷入学习困境涉及多个层面的因素，如学习压力、心理健康、校园环境、家庭关系等。我们必须全面、深入地分析、评估对孩子造成影响和伤害的因素，并采取科学合理的措施，才能帮助孩子解决厌学、休学的困境。

校园困境

在孩子的成长过程中，休学如一道突兀的裂痕，打乱了其正常的前行节奏。究其原因，学业压力往往是挡在他们面前的第一座大山。随着孩子不断升入高年级，课程难度成倍增加，大量作业也扑面而来。无数个深夜，孩子在台灯下与习题鏖战，考试成绩却可能依然不如人意。每一次分数的公布都敲打着他们脆弱的心灵，消磨着他们对学习的热情与自信。

在校园中，人际关系的复杂纠葛是他们前行路上的荆棘。同学之间的小团体对立，同学间不经意的言语冲突，甚至恶意的排挤与欺凌，都让孩子感到无所适从。他们可能因性格内向而难以融入集体活动，只能默默地坐在角落；也可能因一次无心之失而成为众矢之的，遭受孤立与嘲笑。如果长期处于令人感到压抑的环境中，孩子内心的孤独与无助将不断累积，最终会导致他们对学校、学习产生强烈的抵触情绪，变得厌学甚至选择休学。仿佛受伤的小鸟躲进自己的巢穴，独自舔舐伤口。

孩子一旦休学，就仿佛进入了遮天蔽日的迷雾中，往昔灵动的双眼失去了光彩，灿烂的笑容也被忧愁取代。他们的内心充满迷茫与困惑，未来的道路变得模糊不清，他们只能徘徊不前。

家庭迷宫

家庭本是孩子成长的摇篮，然而，在现实中，很多家庭因为各种问题变成让孩子迷失方向的迷宫。作为家庭的基础，夫妻关系一旦出现不和谐，所有家庭成员都会感到紧张和不安。父母频繁争吵会让孩子在惊恐中瑟瑟发抖；夫妻长时间冷战会冻结家庭的温暖与亲情。家庭生活中夫妻角色错位会让孩子感到困惑。例如，母亲过于强势，在家庭中大包大揽，而父亲则在家庭事务中缺位，这会使孩子在成长过程中面临家庭秩序混乱，缺乏正确的性别角色榜样引导的境况。

亲子关系紧张也会给孩子的心灵带来沉重的打击。有的父母缺乏对孩子内心世界的理解，只是一味地按照自己的期望去要求孩子，并把这当作是为了孩子好。当孩子试图表达自己的想法和感受时，父母常常觉得孩子太幼稚，不成熟，所以选择忽视或打断。沟通渠道的堵塞会让亲子之间的心理距离越来越远，以致误解与矛盾不断加深。有些父母为孩子规划人生的每一步，从学习计划到兴趣爱好，全部安排到位，这使孩子如同提线木偶，没有丝毫自主的空间，自然也缺乏自我探索和成长的机会。

在复杂而混乱的家庭环境中，孩子很容易变得异常敏感和多疑，极度缺乏安全感，对周围的一切都充满戒备。家庭原本应该是我们汲取爱与力量的地方，如今却成了奢望，孩子在家庭的迷宫中四处碰壁，无法获得足够的支持与鼓励去面对学业和生活的挑战，找不到前进的方向，只能在迷茫与无助中越陷越深。

希望之光

对那些在困境中挣扎的孩子来说，复学如一盏明灯，为他们照亮前行的道路，赋予他们再次出发的勇气。复学绝不仅是简单地重返校园，它承载着孩子和家长的期待与希望，也是孩子重新找回自我、实现心理与能力双重成长的转折点。

在漫长的休学时光里，孩子的内心往往充满迷茫与无助。他们或许会在深夜独自徘徊，思索自己的未来；或许在面对空荡荡的书桌时，心中涌起一阵失落与怅惘。在孩子承受煎熬的日子里，家长眼睁睁地看着孩子身处困境却力不从心，同样承受着巨大的心理压力。

复学是孩子和家长共同的希望：希望他们再次踏入熟悉的校园，与久别的老师和同学重逢，在明亮的教室里汲取知识的养分，在宽阔的操场上尽情地享受奔跑的欢畅；希望复学如春风般吹散笼罩在孩子心头的阴霾，让孩子的眼中重燃对知识的渴望和对社交生活的向往。家长和老师都想看到孩子走出困境，期待孩子能够在校园环境中逐渐恢复往日的活力与自信。

复学之钥

对孩子是否可以复学进行科学评估无疑是开启孩子复学之门的钥匙。我们需要多维度深入剖析，认真研究每一个细节，寻找能够帮助孩子复学的契机。

首先，我们需要从生理状态（如睡眠、饮食和运动等方面）

入手了解孩子的状态。这些看似平常的事情实际上对孩子的身心健康具有至关重要的作用。睡眠方面，睡眠是身体修复与能量储备的重要阶段，如果孩子长期处于睡眠不足或睡眠质量不佳的状态，不仅他们身体的正常发育会受到影响，还会出现精神萎靡、注意力不集中等问题，进而影响其复学后的学习效果。饮食方面，均衡的营养摄入是维持身体健康的基础，合理的膳食结构能为孩子提供充足的能量，支撑他们在学习生活中的各项活动。运动方面，运动是释放压力、增强体质的有效途径，适度的运动不仅能让孩子拥有健康的体魄，还能促使大脑分泌内啡肽，使人产生愉悦感，改善情绪状态。

其次，我们需要关注孩子的躯体反应。躯体反应是心理状态的指示灯、警报器，当躯体反应出现时，意味着孩子的心理困扰已难以自行调节，开始向外求救。如果家长能及时关注孩子的躯体反应，就有可能及时向孩子伸出援手。

再次，我们需要关注孩子的情绪。情绪是内心世界的直观反映。如果焦虑、抑郁等负面情绪长期盘旋于孩子的内心，就会严重影响他们的学习动力和人际交往。情绪也会影响认知水平，认知水平则决定了孩子对知识的理解和吸收能力。复学后，学习内容的难度和深度都有一定提升，如果孩子的认知能力没有跟上，那他们很容易产生挫败感。信念是支撑孩子克服困难、坚持学习的内在动力。拥有坚定信念的孩子在面对学习和生活的挑战时往往能展现出更强大的韧性。

复次，行为表现同样不容忽视。日常行为体现了孩子的生活习惯和自律能力。规律的作息和良好的学习习惯是复学后适应校园生活的重要保障。而异常行为则可能是孩子内心问题的外在表现。例如，突然出现的厌学行为、频繁的情绪爆发等，都需要我们格外关注，深入探究其背后的原因。

最后，家庭关系在孩子的成长过程中影响巨大。夫妻关系和谐稳定能为孩子营造温馨、安全的家庭氛围。在这样的环境中成长的孩子往往内心充满安全感，更有勇气面对外界的挑战。亲子关系和谐与否更会直接影响孩子的心理状态。亲密、互信的亲子关系能让孩子在遇到困难时愿意主动向家长倾诉，寻求支持与帮助。

通过对这些方面的全面评估，我们才能为孩子顺利复学奠定坚实基础，确保他们在回归校园后，能够适应学习和生活节奏，实现成长与蜕变。

第二章

影响孩子精神面貌的罪魁祸首：睡眠困境

孩子的精神面貌往往能鲜明地反映他们的心理健康状况，成为我们判断他们能否顺利复学的关键。

在休学的孩子身上，我们总能发现一些令人揪心的现象。有的孩子如霜打的茄子，整天蔫头耷脑，毫无生气；有的孩子一坐下便眼神游离，仿佛灵魂出窍，精气神消失殆尽；还有的孩子目光中满是惶恐，总是下意识地回避他人的视线，或者神情呆滞，说话时声音颤抖，身体也不受控制地微微抖动。这些表现都清晰地表明孩子或许尚未做好回归校园的准备。以往，我们常常靠直觉判断孩子的状态，但这远远不够。接下来，我们将开启一场系统、科学的探索之旅，从多个维度细致剖析孩子的心理健康状态，努力找寻助力孩子复学的那把钥匙。

无节制的昼夜颠倒

我们务必铭记一点：倘若孩子陷入昼夜颠倒的泥沼无法自拔，那复学之路必将布满荆棘。

请想象这样一幅画面：孩子在晨曦微露时仍沉迷于游戏，早上六七点甚至更晚才草草吃些东西，而后一直到上午十点多才昏昏入睡。夜幕降临，孩子晚上八九点才醒过来，随便吃点东西便开始坐在电脑前或拿着手机，全神贯注地投入游戏中，直至次日清晨七八点，如此循环往复。即便孩子信誓旦旦地承诺会在九月或十月复学，可这样失控的睡眠节律让他们复学的可能性变得微乎其微。

噩梦与入睡困难

除毫无节制的昼夜颠倒，还有两种睡眠困境会拖累孩子复学的脚步，那就是噩梦与入睡困难。每当夜幕降临，有的孩子便开始与失眠展开搏斗；好不容易入睡，却又被噩梦惊扰，狰狞的恶魔、血腥的杀戮、惨烈的车祸等场景不断在梦中上演。有的孩子从梦中惊醒后仍惊恐万分，仿佛那些可怕的场景真实发生过。这种睡眠状态无疑使复学之路变得异常艰难。

规律性的昼夜颠倒

有些孩子的作息呈现出一种奇特的“规律”：连续三天昼夜颠倒，随后的两天又奇迹般地自行调整过来，但不久后再度陷入昼夜颠倒。许多家长认为这种有规律的昼夜颠倒或许比毫无规律的昼夜颠倒好一些，但残酷的现实是，两者并无本质区别，都表明孩子存在睡眠失调的问题。

偶发可控型昼夜颠倒

有一种相对轻度的昼夜颠倒情形我们称之为偶发可控型，即在一周或一个月的时间跨度内，孩子可能仅出现一两次昼夜颠倒。尤为可贵的是，在面临重要事务时，孩子能够展现出强大的自我约束能力。例如，第二天有重要考试，即便前一晚凌晨四五点才入睡，第二天早上七八点他们也能凭借顽强的毅力逼迫自己起床；又或者，原本计划熬夜，但因为第二天有课，便主动调整作息，在凌晨两三点去睡觉。这种能够自我掌控睡眠节奏的情况无疑是孩子复学的火种。只要孩子内心渴望回归校园，在我们适当的引导与助力下，孩子复学的可能性将大大增加。

其他睡眠问题

除昼夜颠倒这一突出问题，其他睡眠问题也不容忽视。对那些入睡困难但作息正常，夜晚多梦却无噩梦惊扰的孩子来说，复学的大门依然为他们敞开，他们完全可以勇敢地迈出复学的步伐。

还有一类孩子，虽同样饱受入睡困难的煎熬，但他们并非沉溺于游戏，而是躺在床上忧虑着开学后的种种事宜。尽管内心充满煎熬，但这类孩子积极面对开学的态度值得肯定，他们也具备尝试复学的条件。当然，如果孩子能够保持在晚上十二点前安然入睡，清晨八点准时起床的规律作息，那无疑是最理想的。

需要特别提醒家长的是，在寒暑假这种特殊时期，孩子的作息往往较为随意。由于平日养成的习惯，如果强行要求孩子在晚上九点或十点就上床睡觉，可能会适得其反，因为他们早已习惯了较晚入睡。只要孩子能够在十一点至十二点之间顺利入睡，且早上在家长的适当督促下能够起床，那么从睡眠这一维度来看，孩子便已初步具备了复学的基本条件。

咨询案例

咨询师：（对女儿）我看你变样了。瘦了是吧？

来访者（女儿）：对。

咨询师：上次来没戴眼镜。

来访者（女儿）：可能戴隐形了。

咨询师：一年多了，咱们又重逢了！说一说现在的状况。

来访者（女儿）：说这一年的状况吗？

咨询师：因为什么这回又选择过来？是希望通过今天的咨询化解一个什么问题？或者你对今天这个咨询有什么期待？这些都可以说说。

来访者（女儿）：上一次咨询后一直挺期待再过来的，因为我感觉上一次我没有好好珍惜。我感觉上一次我有点唐突了，虽然也说了想说的，但是总感觉还没有真正把最想说的说出来。其实，我现在心里也很紧张。这一年里通过各种治疗，包括吃药，还有心理咨询，所有人可能都觉得我好很多了。甚至，只要有人问我，我就会说"真的特别好"。怎么说呢？其实，有时候是真的感觉很好；其实，还有很多时候跟之前一样，感觉还没有真正把我想表达的东西表达出来。但是，只要有人问我，我就想告诉她们“真的特别好”。我也不知道我现在是什么样的心理。反正，初中的时候，爸爸也不太管，我妈妈吧，我感觉妈妈还是跟我小学时一样。姐姐一开始也没有管我。结果，后来发现我早恋，她就——当时流行的是用 QQ 聊天，还没有流行微信——她就没收了我的 QQ 号，然后就不让我用了。从那之后，一直是她拿着。其实，这件事在我心里，到现在可能还是一道坎。当时还没有跟那个男生发生什么。后来就是，中考的时候考得不太好，不太理想，就在家里哭。知道成绩之后，听到姐姐说了一句“还不如拿她这三年的学费给我买辆奔驰呢”。我知道这可能是句玩笑话。但是，当时这件事对我的打击还挺大的。更何况，当时家里是有两个人不太支持我上学的，最后还是一个烂尾。高中之后，每一次放假，我都不太想回家。我身边的朋友都说“怎么感觉你在家跟在学校是两种性格”什么的。上了高中之后，高一下学期因为疫情的原因，就在家里上网课了。那个时候都在家里，姐姐也在家，爸爸也在家，妈妈也在家。就彻底绷不住了。那个时候是最难熬的时候。天天不睡觉，白天也不睡，晚上也不睡。白天装作在上课，但是，是真的困得不行。下一秒就要睡着了，但还得装着听课。晚上我就不想睡，也睡不着，我就打游戏，通宵打游戏。有时候，自己一个人偷偷哭，在自己的房间。反正，那个时候很压抑，身体状况也不好，心情也不好。最后，就是上网课的时候，一个手机上网课，另一个手机在下面偷偷玩儿，被姐姐发现了。反正，那个时候姐姐吼我，还推了我一下。我那个时候就想彻底爆发出来。我就冲她喊，我说："我就是不想学习。"然后姐姐吼了我一句："你冲我吼什么呀？你还有理了是吗？"我一下子就㞞了。反正，就是一直没爆发。一直到五一的时候，姐姐已经去上班了，但是我知道她五一放假肯定要回来。我不想看见她，我就在五一之前把自己所有的东西都收拾好。然后，就离家出走了。还写了封信。当时真的搬得特别全，所有的衣服、鞋子，东西都拿着了，就真的不打算回来了。甚至，我走的时候都没有一丝丝舍不得。就是觉得，真的终于解脱了！

分析：来访者（女儿）的家庭中有妈妈、爸爸，还有一个姐姐，她是最底层的那个孩子。所以，对她来讲，压抑是难免的。她昼夜颠倒地打游戏，同时依然在强忍着上学。实际上，这个时候她是压抑的，难以表达自己的想法和情绪，也无人可以倾诉。人在这个时候通常就会用躯体反应表达自己渴望解脱和自由。大家可以想一想，你的孩子想不想解脱，想不想自由？你想不想解脱，想不想离开？你丈夫想解不解脱，想不想自由？如果一个家庭中每个人都渴望解脱、渴望自由，那这个家已经完全离心，实际上已经散了。

这个孩子在家里压抑久了，她想要解脱和自由。面对这类情况，一部分孩子会离家出走，像案例中的孩子一样；还有一部分孩子会陷入抑郁。重度抑郁的孩子此时很可能会选择自杀。这种极端的行为也是一种解脱和自由。所以，这次离家出走证明这个孩子病得还不是很厉害。她的这种状态就是青春期孩子叛逆离家出走。因为她不知道该怎么面对父母。她在家里太压抑了，没有家的温暖。还有一些重度抑郁的人会选择自杀，选择离开这个世界来获得解脱和自由。还有一些孩子获得解脱和自由的方式是谈恋爱。青春期的孩子想获得解脱和自由，就去和一个小孩谈恋爱，和一个人产生情感关系。她在这个家里是压抑的，但是在她的关系里是可以自由呼吸的。她想重建一个家，所以她每天都要出去见他，每天都要去找他，每天都要和他在一起，每天都要和他聊天，她活在恋爱关系中，在这段关系中她获得了自由，满足了一种渴望。当然，还有些孩子会变相地躲到网络里，抑或把自己的房门关起来。

我们所有的家长需要训练和反思的是：如何给自己的孩子提供一个不需要离开就能感受到自由的家。

总结与期望

通过对孩子睡眠状况的评估，我们可以基本判断孩子复学的可能性。但这仅仅是探索孩子复学路径的开端，在后续的相关内容中，我们将继续深入剖析影响孩子心理健康与复学的其他可能因素，全方位地为孩子的成长与复学保驾护航，引领他们穿越迷雾，重新回归属于自己的阳光大道。

第三章

孩子心理状态的警示：躯体反应

《2023年度中国精神心理健康》蓝皮书显示，我国患抑郁症的人数超过9500万人，41%患抑郁症的学生曾因疾病而休学。据报道，全球每年有70多万人因抑郁症自杀身亡。心理问题的早筛查早诊断非常重要。躯体反应不仅是躯体疾病的体现，更是心理状态的外在表现，值得我们深入探究、审慎应对。

躯体警报

有些孩子在日常生活中状态非常好，可一旦涉及学习或与学校相关的话题，他们的身体便会拉响警报。我曾经有一位客户是高校教授，他满心期待孩子能回归校园，然而每每提及开学事宜，孩子就会脸色大变。在一次简短的咨询中，短短十几分钟的时间里，孩子先是声称拉肚子，匆忙跑去厕所；随后又将自己反锁在房间内，拒绝吃晚餐；再后来，孩子声称胃疼、头疼，痛苦地蜷缩在床上，呼喊说身体不舒服。这种情况并非个例，一些孩子确实会在类似的情境下出现诸如便秘、食欲锐减等躯体反应。究其原因，长期的学业压力或在学校的不适经历在孩子的潜意识里埋下了恐惧与抗拒的种子，所以他们的身体在面对学习相关的刺激时本能地启动防御机制，以躯体症状的形式表达内心的焦虑。

这类孩子的身体与心理已经陷入深度紊乱，复学对他们来说是极其严峻的挑战。他们的心理防线如一道坚固的壁垒，阻挡着复学的希望，我们需要保持极大的耐心运用专业的方法才能逐步解开他们的心结。

应激反应

有些孩子在家庭中谈论学校、学习时还能保持表面的平静，一旦置身于学校周边的环境，哪怕只是远远地望见校门，他们的身体也会产生应激反应。有的孩子会双手不受控制地颤抖，仿佛被电流击中；有的孩子会有胸闷之感，甚至喘不上气来，或者心跳加快，心慌意乱；还有的孩子会呼吸急促，仿佛周围的空气瞬间变得稀薄，每一次喘息都像是在与无形的压力抗争。

这些躯体应激反应表明孩子在学校环境中遭受了心理创伤

或承受着巨大的压力。对此类孩子，我们需要借助专业的脱敏训练，小心谨慎地逐步帮助他们缓解身体的应激反应，进而帮助他们重新适应学校生活。

可承受的躯体反应下的复学曙光

有一部分孩子在重新踏入学校后，虽然也会有诸如心慌、轻微焦虑、短暂胸闷等躯体反应，但他们拥有强大的心理韧性和出色的情绪调节能力。他们能够敏锐地察觉到自己身体的反应，却不会被这些反应左右，而是运用积极的应对策略，迅速做出调整，将这些躯体反应对学习和情绪的干扰降至最低。

这些孩子能够有效地抵御外界压力的侵袭，使身体的应激反应处在可控范围内。对他们来说，复学是值得勇敢尝试的探险之旅。他们在困境中展现出的适应能力和积极态度，为自己的人生开辟了一条充满希望的大道，只要给予适当的引导和支持，他们就有可能顺利地跨越复学的门槛，重新融入校园。

无反应表象下的隐患

还有一种特殊的情况需要我们格外警惕。有些孩子在回到学校时，表面上看起来没有什么躯体反应，然而，在他们的潜意识深处，可能依然潜藏着某些未被察觉的对学校的抵触情绪或心理隐患，如同平静河面下隐匿的暗流，随时可能掀起波澜。因此，即便孩子表现得若无其事，我们也不能掉以轻心。我们应当为他们精心设计并实施系统脱敏训练计划，帮助他们全面而深入地探索自己的内心世界，发现并化解潜在的心理障碍，确保他们真正做好复学的准备，顺利返回校园。

咨询案例

咨询师：（对女儿）你跟我说说，我想听听你爸爸怎么对你。

来访者（女儿）：一说到上学，他就经常发脾气。

咨询师：嗯！比如说，他会怎么发脾气。

来访者（女儿）：很大声地吵吵。他一大声说话，整个房间都发震，我可害怕了。

咨询师：妈妈刚刚说，爸爸受的是夹板气，说你也可以向爸爸发脾气，妈妈也可以向爸爸发脾气，好像所有的家人都可以向他发脾气。看来不是妈妈说的这样，是吧？只有妈妈能向他发脾气，你发不了脾气，是吗？

来访者（女儿）：我小时候，初中的时候，当时压力也大，他们想让我考高中。我自己也想考。我压力大的时候就会哭。在学校哭的话，一群人都过来问我，真心的，假意的都有。大家一说，我就不好意思哭了，我就憋回去。

咨询师：哦，初中的时候会无缘无故在学校里哭，会掉眼泪。对吗？

来访者（女儿）：后来，就想在家哭。也不是想，可能一哭就好了。过去，我弟弟欺负我。我弟弟小，我奶奶他们就比较护着他，就觉得我当姐姐的应该懂事，应该让着他。对，我一难受我就想哭。我奶奶她们就不让我哭。我还记得我奶奶说，她过年得病是因为我哭的。

咨询师：所以说，你心里当时也挺委屈的，是不是？

来访者（女儿）：对。

咨询师：连个哭的地方都没有！

来访者（女儿）：我爸也不让我哭。

咨询师：都不让你哭。说到这个的时候，我看你有点情绪，一瞬间的。

来访者（女儿）：之前有一天晚上，我本来打算睡觉了。我忘了为什么，我爸又过来跟我提上学的事儿。我就开始哭，我一哭，他就捂我的嘴。

咨询师：谁捂你的嘴？

来访者（女儿）：我爸爸。

咨询师：多大的时候？

来访者（女儿）：（对母亲）去年吧？还是……

来访者（母亲）：去年年根儿底下，是吧？你说的是在东屋那次？

来访者（女儿）：他说，“吵着邻居了”“多大的人了，还哭”，就类似这些话。

咨询师：爸爸捂你嘴的时候，你呢？

来访者（女儿）：害怕。我妈也害怕。

咨询师：（对父亲）你去孩子房间把她嘴捂上？

来访者（父亲）：嗯，好像是不让她大声哭，但不会真捂上她的嘴，不会说死捂她。

咨询师：但是，她会感到害怕！你这么大个男人去捂她的嘴她会害怕。（对女儿）之后你有什么反应？

来访者（女儿）：求饶。

咨询师：或者不哭，但会压抑，或者说……

来访者（女儿）：我就哭，我就更害怕。

咨询师：更害怕？

来访者（女儿）：还有就是，关于我上学，他也经常发脾气。非常好玩的一点是，如果我去心理咨询或做什么测试，证明我有困扰，我有病什么的，他就突然放松下来了。“不着急去上学。没事，你把心情调整好了。”他就说。等我没事了，或者好点了，他立马就给我施压。“你怎么还不回去？是不是该回去了？你看同学们现在都干吗呢？你落了多少课了，你怎么补啊？”

咨询师：嗯。

来访者（女儿）：这些本来我自己就挺着急的。他一着急我就更不知道怎么办了。但是他确实是为我上学付出了很多心血。

咨询师：你现在看着爸爸说，“爸爸，你确实为我上学付出了很多心血”。你看着他，告诉他。

来访者（女儿）：（对父亲）嗯，你确实为我上学付出了很多心血。

咨询师：慢一点，再跟他说一遍，“爸爸，我知道你确实为我付出了很多心血”。

来访者（女儿）：（对父亲）爸爸，我知道你确实为我付出了很多心血。

咨询师：再说一遍。

来访者（女儿）：（对父亲）爸爸，我知道你确实为我上学付出了很多心血。

咨询师：（对父亲）孩子知道。你听到这话心里什么感受？我看你刚刚好像要掉眼泪。

来访者（父亲）：对，被孩子理解了，挺感动的。

咨询师：挺感动。但是，（对女儿）孩子，你后半句想说什么呀？

来访者（女儿）：让我去上学我感到害怕。我一进学校，他好像就觉得我啥事也没有了。一切按正常轨道运行。实际上，我在学校里的压力和恐惧比在家里更多。

咨询师：实际上你在学校里感到有压力和恐惧？

来访者（女儿）：对，而且在学校里崩溃都不能好好崩溃，没时间崩溃，就知道上课。难受时只能在宿舍里偷着哭，或者在厕所里偷着哭。而且，我一不高兴就特别容易头晕，喘不上来气。

咨询师：嗯。

来访者（女儿）：后来就容易这样。

咨询师：嗯。

来访者（女儿）：就不舒服。

咨询师：你这个状态去医院看过吗？

来访者（女儿）：看过。

咨询师：医院怎么诊断的？

来访者（女儿）：一开始有的说是抑郁。现在基本上好多了。

咨询师：我看你说这部分的时候，你老看妈妈。你不用看妈妈，你看我就行，你担心什么呀？

来访者（女儿）：我在想她有没有想补充的。

咨询师：当时去医院看的时候谁说你抑郁啊？你说有的说你抑郁，那就是说，不只看了一次。

来访者（女儿）：对。

咨询师：嗯。

来访者（女儿）：一开始做检测，说是轻度抑郁，然后说没什么大事。

咨询师：嗯嗯。

来访者（女儿）：后来还去过别的心理医院，比如说，最严重的好像是去年年底那会儿，医生建议住院，但我也没有住。

咨询师：医生建议住院的时候给你的诊断是什么，都需要住院了？

来访者（女儿）：重度抑郁。

咨询师：重度抑郁是不是？

来访者（女儿）：对。

咨询师：去年年底重度抑郁？

来访者（女儿）：但是，有的医院就说我没事。因为我平常都是看着挺积极、挺乐观的。给很多人的第一印象就是，我这个人怎么可能抑郁。包括我学校的老师也不信，同学也不信。

咨询师：我信。

来访者（女儿）：嗯。

咨询师：我信你会抑郁。而且你看起来并不像别人说的那么好，想的那么好。你心里有很多担心、很多委屈可能是别人看不到的。还有，当别人总跟你说，谁抑郁你也不会抑郁，你怎么会抑郁的时候，你心里什么滋味？

来访者（女儿）：委屈、无奈、孤独。

分析：大部分孩子的抑郁或双相障碍都是憋出来的。在家里哭，家长会说“你哭什么哭”；在学校里也不敢哭，怕被同学看到，怕被老师看到，所以时间久了就憋出病来了。这是一个高中孩子，她心里委屈，或者犯病了——我们说抑郁来了——她忍不住地哭。她哭的时候，这个爸爸为了不让女儿哭，就捂住女儿的嘴。此时此刻想到这个画面，你内心是一种什么感受？这个父亲的情绪很多时候是无法控制的，他的行为也是极端的，这势必会让女儿产生极大的恐惧。亲生父亲捂她的嘴，和她有这种肢体上的冲突，而孩子还在理解父亲。

这个孩子讲她初中的时候就挺压抑，压力就挺大，但是没有得到重视。然后慢慢到高中，未被理会的轻度抑郁最后发展成重度抑郁，依然被父母逼着上学。孩子已经有这么大的躯体反应和症状了，我们可以想一想这个孩子的处境。

总结与期望

躯体反应是一把钥匙，能够开启通往孩子内心世界的大门。我们需要以敏锐的洞察力和专业的素养，细致入微地观察孩子在不同情境下的躯体表现，同时紧密结合睡眠状况、心理状态等因素，进行全面的分析，最后做出判断。只有这样，我们才能为孩子量身定制科学合理、切实可行的复学方案，引领他们跨越重重障碍，重新踏上充满希望的人生旅途，拥抱美好的未来。

第四章

孩子学习状态的决定因素：情绪状态

《2024 儿童青少年抑郁治疗与康复痛点调研报告》显示，被调查的孩子中，曾经有过请假经历的占 82.3%；总的来说，有过休学经历的占 53.85%；平均休学次数为 1.71 次。在有休学经历的孩子中，第一次休学的平均年龄为 13.74 岁，主要集中在 14 岁。可见，情绪状态也是决定复学成败的决定因素之一。

情绪的本质

现在，我们需将目光聚焦于孩子的情绪状态。抑郁的低落、焦虑的不安、恐惧的战栗都属于抑郁型情绪，以持续性的低落为显著特征，影响着孩子的身心健康。那么，我们如何评估孩子的情绪状态呢？建议家长使用 SCL-90。这一量表在中小学、心理咨询机构乃至专业医疗领域常被用作情绪状态的探测仪。得分在 2.0 分以上时需要引起关注，2.5 分以上常被视作轻度异常，3.0 ~ 3.5 分为中度，3.5 ~ 4 分以上则为重度。当然，此量表所测的得分仅为当下的情绪状态，绝非确诊定论。

在评估情绪状态的同时，我们更应深入探究情绪的本质。偶发的情绪波动虽令人揪心，但未必预示着危机，或许只是特定情境下的应激反应。如果情绪低落、焦虑、恐惧或躁狂等状态频繁发生，或者持续半个月、一个月乃至更久，这表明孩子亟待指引与帮助。

情绪调节

面对孩子的情绪困境，我们可以使用三个工具：认知转化、情绪表达和自我接纳。

认知转化

当孩子因复学而感到焦虑时，家长应给予理解并将这种情绪正常化。家长轻声告诉孩子："孩子，这份焦虑恰恰彰显了你对复学的珍视与期待。你拥有重新出发的勇气，我们为你骄傲。这是正常的情绪波动，我们会与你并肩作战。"这样的言语可以帮孩子重塑对自身情绪的认知，使其从消极情绪的泥沼中挣脱。

表达意志

借鉴格式塔疗法，鼓励孩子体验当下的情绪，让其情绪自然流淌，然后，坦诚表达："此刻，我很恐惧，对上学感到忐忑不安。"家长应静心聆听，给予孩子充分的情感回应，成为孩子情绪世界的忠实守护者，让孩子在表达中寻得内心的宁静。

自我接纳

引导孩子轻声呢喃："这就是我，独一无二的我，无论情绪如何跌宕，我都全然接纳真实的自己。"同时，家长也可为孩子示范，在面对自身情绪时，展现出接纳与包容的姿态。孩子目睹家长坦然面对情绪的模样，便会在潜移默化中学会拥抱自己的内心世界，从而大幅度减少情绪的影响。

咨询案例

案例一

咨询师：（对儿子）我问问你，孩子。为什么烟台山医院的医生也让你来找我，你妈妈也让你来找我？我是做心理辅导的，所以我特别好奇你遇到了什么心理困扰。

来访者（儿子）：什么心理困扰？我感觉，我自己找不出来。

咨询师：你自己找不出来？自己找不出来，所以你来我这儿，是不是？想找一找是吗？

来访者（儿子）：嗯。

咨询师：那现在你告诉我，是什么原因让你去医院看病的？

来访者（儿子）：这个可能跟我妈妈有点关系吧。当时，期中考试考完之后我就不去学校了，大概有一个月。然后，就是我们市医院打电话说让我妈妈跟我说去市医院，就是烟台山医院。然后，我们就去了。

来访者（母亲）：心理咨询。

咨询师：（对母亲）你先别急。（对儿子）我这样理解对吗？你只是没有去上课，是不是？考完试以后没去，是吗？

来访者（儿子）：对。

咨询师：哦，考完试以后没有去上课，怎么就需要去医院了呢？我小时候考试考得不好的时候，我可能也不愿意去上课，在家里待上两天。那怎么就把你送到医院里去了呢？你有什么难受的地方？（对母亲）你别跟他说话了。（对儿子）我想问为什么？怎么就需要去医院了呢，孩子？

来访者（儿子）：也不是考得不好。

咨询师：你跟我讲，因为什么把你送到医院去？

来访者（儿子）：就是自己单独在家，不想去学校。好像是不想去学校。

咨询师：我也不想去学校，高考的时候不想去学校。怎么就非得去医院呢？你有什么地方不舒服吗？哪儿难受，或者觉得自己的情绪、行为和别人不一样，你自己才想去的？她（母亲）把你送到医院去的？还是什么？

来访者（儿子）：我没懂你的意思。

咨询师：我的意思是，我不懂你为什么去医院。不上学就去医院了是吗？

来访者（儿子）：准确地说，是先不上学了，然后一个多月之后才去了医院。

咨询师：哦，一个多月以后。你当时不去上学了，一个多月以后才去的医院，是这样的吗？

来访者（儿子）：对。

咨询师：那我就好奇了，在家休息了一个多月，为什么要去医院呢？你告诉我，你哪些行为上、情绪上、想法上觉得自己出现问题了？或者心理上出现问题了才去的医院，是不是？

来访者（儿子）：嗯。

咨询师：那一个月你有什么表现？还记得吗？

来访者（儿子）：压抑，有点焦虑，还有点堕落。

咨询师：什么？

来访者（儿子）：堕落。

咨询师：我怎么理解你说的堕落。

来访者（儿子）：刚开始不去学校，差不多就是三四天的时候，当时还是不想去，但是课也没落下多少，要去的话，慢慢补还是来得及的。但是，越到后面，课落得越来越多，就感觉自己也补不回来了，就不太敢去了。后面有上学的想法了，但想回学校的时候又不敢去了。

咨询师：我理解了，课业落得太多了，是不是，孩子？然后就不敢去了。所以，你用的是堕落这个词，是不是？就像我们现在讲的，就躺平了，或者摆烂了，是不是，孩子？能这样理解吗？

来访者（儿子）：应该可以吧。

分析：很多焦虑、抑郁的孩子，包括有心理问题的孩子，当他拘谨的时候，虽然他已经是中学生了，但还会有这样的行为：抠自己的手，把双手合拢，低下头。孩子在说话的时候，好像母亲总想替孩子表达，所以咨询师让这位母亲停下来。想想看，我们是不是在很多时候，在一些场合，经常不经意地替我们的孩子表达？因为在我们看来，他说得还不够清楚，他说得不对，他说得不够完整。我们希望他能够表达得更好。从今天开始，不管我们的孩子说得多慢，说得多残缺，说得多不完整，说得多不清楚，我们可以引导，可以跟随，但不要替代。我们可以引导他慢慢说，我们可以跟随他慢慢地说，但我们不要替代他？家长朋友们一定要知道，对有心理问题或抑郁问题的孩子来讲，表达本身就是件难事。可能有的家长不相信，说：王老师，说话怎么是难事？因为孩子在一开始说话的时候需要组织语言，父母应该有耐心。

我们要反思，或者说要觉察：当孩子不去上学的时候，为什么就要送去医院？很多孩子不上学，但他不一定需要去医院。可是，班主任也好，妈妈也好，都觉得这个孩子需要送去医院，那说明这个孩子的行为一定有异常。所以，我们特别需要从孩子的言语里让他自己意识到自己的行为或感受或情绪或想法的异常性，或者说是病理性，或者说是问题性。只有这样，我们才能让他去医院，他才能去医院。一个人为什么去医院？我肚子痛，我去医院。我发烧了，我去医院。我不上学，我为什么去医院？所以，这个点是我们需要觉察的。

很多孩子不去上学一段时间后，他认为他自己的学业跟不上了，所以他就说“我就堕落了，我就这样，我就摆烂了”。家长可能也会认为孩子太堕落了，太懒了，都是被惯的。其实，很多孩子是自我怀疑。很多家长都会安慰孩子。但是，这些安慰并不能让孩子回到学校。这时候，家长会很无助，觉得怎么好说歹说都不行呢。但是家长要明白，孩子此时已经出现了心理问题，他对自我产生了怀疑，所以没有办法迈出这一步。

案例二

咨询师：（对母亲）妈妈说两句。你看你们变得这么好反而给孩子带来了新的困扰，是不是？你的孩子说，“我怕我配不上你们，你看你们都变得这么好”。你也不用绷着脸。孩子从小就有点报喜不报忧，她就是这样的一个状况。你怎么看待孩子的这个特点？或者，你听了这句话有什么感想？

来访者（母亲）：现在，我们完全接纳、允许、理解，共情她，这一点我们不能说完全做到，只能做到一些，不可能那么深层次地做到。我们从内心深处想彻底改变，让这个家慢慢地好起来，让孩子也好起来，不让她这么痛苦。就像刚才她自己说的。在我看来还有一些不太真实的部分会引起我的误会。就像刚才，她说我偶尔绷着脸。以前不说了，最近这两年，我很注意这些事情。前几天，她们学校不让她们上学了，在家上网课。她在我们家附近租的房子，她跟一个同学合租的。她回家待了三四天就跟我说，她感觉在家里不舒服。看她那个表情也是不舒服的。她就说想回去。那段时间疫情那么严重，我也有点不放心。别的倒是没什么很担心的，就想趁这个机会好好照顾她，促进一下我们的感情。她这么大了，我们在一起的时间少了，我就很珍惜这段时间。好不容易学校给我们这个机会。但是，看她，她就说在家里什么也不想干，感觉自己没有价值，就想回去。我说，“你实在想回去，你实在想走，我们就送你走吧，你自己注意一点就好”。她就说，“我在那儿也能上课，也能打扫卫生什么的，什么都想干”。既然她在那里待得好，我就让她去吧。结果，她去了以后……其实，从她的表情，从她语气，我也能感觉不是她说得那么好。我也不好直接问，因为我直接问，我也感觉她不想说。但我总得了解一下她在干什么。不是我对她不放心，不是我不信任她，我要对她负责任。我就问她的老师，“孩子有没有上课呀？”老师说没有。我说，“一直没有上吗？”老师说，“最起码我的语文课她没有上。”我心里就明白了。也不是说她在欺骗我。你什么样子就是什么样子，你真实呈现自己，对自己也好，对我们也好，也减少一些误会。我们又不是不接纳你，是吧？给你时间，不着急，慢慢来，一点点地来。咱这个病不是一天两天得的，也不可能这么短的时间就恢复。在我面前呈现真实的样子，最好。其实，那天她得病了，她也阳了，我也很心疼的。主要是回来以后。我看她一回来就看手机，我看到的就是她看手机的样子。她跟我说得那么好，我就有点不舒服，我也想让她知道。这两年，我记得我故意说她就这么一次。我其实一直很心疼她的。这是她得了病以后，那天她离家出走之前。她上初中的时候住学校，回来偶尔就会跟我说学校里一些负面的东西，就说每个同学怎么着了。我就感觉，这个孩子怎么会关注这些东西？她写的作文也是挺悲观的。到了初三的时候，有个老师，她们的英语老师，可能也是懂心理学的，就让她画了一幅画。老师看了她画的那幅画就知道她跟父亲的关系不太好，就建议她去医院检查一下。那个时候，我们也不懂这些事，也没太在意。后来我也发现了这个问题。每次回家之后，她在厨房跟我聊天。我就说，“你跟你爸爸聊一会儿吧，你看你爸爸自己在那。”我是想让她们爷俩关系好一点。她就说，“我跟我爸爸没有什么可说的。”对，就这样。其实，她上小学的时候，我感觉，自己对她尽心尽力的。每次学校开学、上学或者开家长会，还有一些亲子活动，我都是很积极的。只有一次我是让她爸去的，我心想，你也锻炼锻炼，关心关心孩子。那一次，他自己去的，其实我心里还是不放心的。确实那时候她爸爸对她关注太少，也不管她。你爱怎么地怎么地吧，我也不管。反正忙的时候就忙，不忙了我就出去玩。

咨询师：你聊到了父亲，核心的点是什么？你和孩子之间能够真实地表达什么？（对女儿）你不能跟你妈妈表达真实的想法？你妈妈说，她现在已经很接纳你了，但是你好像还很难真实地面对她。对不对？你听到你妈妈刚才讲的这番话了吧。她说“我已经很接纳你了，你什么都可以跟我讲”。而且，这两年你妈妈说她有意识地控制自己的情绪，可能就是最近这一次好像没有控制住，是不是已经很不容易了？那为什么你还不能够很直白地、真实地表达“我不舒服，我可能现在上不了学”，说“我现在很难投入”。

来访者（女儿）：感觉他们已经改变这么多了，就不想让他们看到不好的一面。

咨询师：你认为你不去学校，你情绪低落，现在没法学习，就是不好的一面？

来访者（女儿）：对。而且，刚刚说的完全接纳吧，我感觉不算很正确。我感觉，我现在太叛逆了。我现在就是特别渴望不被管着，特别渴望没人关注我，特别渴望自由。就比如手，学生做这个美甲可能不太合适，但是，我就是想做，就是想要。

咨询师：与众不同，和别人不一样，想去突破。

来访者（女儿）：但是，快过年的时候，学生做的其实也很多，我们班上也有很多。但是，我回家的时候，爸爸、妈妈、姐姐还是觉得有点儿不太合适。所以我觉得完全接纳也不太现实。而且，这十几年来一直没有真实地表达，突然让我一下子就真实地表达，我也觉得不太现实。对我来说就这三点。

咨询师：我明白你的意思。第一点，好像并不像妈妈说的那样，你感受到的并不是她们完全无条件地、全部真实地、积极地接纳。虽然他们也在改变，是吧？但是，好像也很难达到你心里的一个标准。第二点，你好像这么多年已经形成了这种观念，有的时候很在乎自己的面子，很希望自己表现得好。所以你会隐藏那个部分。已经这么多年了，没有真实表达，是不是？这可能已经形成了你生命中的一种模式和习惯了，对不对？所以很难在他们面前真实地表达出来。第三点，是你自己现在在青春期，渴望自由，渴望突破，渴望挑战一些什么，是不是？可能越让你做一些什么事情的时候，你可能会越逆反，对不对？所以，在这种情况下，可能就出现了一些状况，虽然看起来你们关系挺好，但是这其实并不真实。

分析：在这个案例中，大家要考虑一点：在多大程度上孩子能够感受到母亲对她是真实地、无条件地接纳。就像一个受伤的小动物，要确定外面是安全的，但需要很久才能确定。所以妈妈告诉她安全了，接纳你了，觉得我们做得够多了，但孩子并不会真的信任妈妈，可以依赖妈妈。孩子可不可能在妈妈面前展现真实的自己？妈妈在多大程度上能给孩子真实表达的机会？这是个问题，是双方都要考虑的部分。所以，我们要反思我们自己。我们觉得自己现在能在孩子面前肯定地说“我百分之百地接纳你”吗？我们放下自己的期待，把孩子看成孩子。案例中的妈妈说“我完全接纳你了，你可以真实地表达”，但实际上，孩子还是从一些细节上——本身她就敏感，本身她就有创伤——能感受到妈妈可能还不是完全接纳她。这一点我们要去反思。

总结与期望

情绪障碍不仅影响孩子的身心健康，而且是导致孩子失去学习兴趣、学习动力，进而厌学、休学的罪魁祸首之一。面对孩子的情绪波动，我们不仅要精准评估，更要掌握科学、有效的情绪调节工具。

第五章

穿越认知迷雾的方法：打破信念枷锁

在孩子复学的艰难历程中，当我们细致地评估了他们的精神面貌、躯体反应和情绪状态后，便进入了一个至关重要的领域——信念世界。它隐藏于孩子的内心深处，神秘而深邃，为他们看待自我、学业和未来指明方向，而不合理信念则像沉重的枷锁，常常使他们在复学之路上迷失方向，甚至举步维艰。

信念枷锁

我们发现，一些孩子深受不合理信念之害。他们的思维被“糟糕至极”和“绝对化”的信念紧紧束缚，无法挣脱。“要是这次回不了学校，我这辈子就完了”“要是考不上好大学，人生将毫无希望，只能去送外卖”，这些信念像沉重的枷锁，锁住了他们对未来的憧憬，让他们只看到世界的黑暗面，不断强化自我贬低和自罪情绪，笃定自己是失败者，是累赘，在错误认知的迷雾里失去方向。

这类孩子往往在抑郁、双相障碍或其他情绪问题中苦苦挣扎。当这些不合理信念根深蒂固时，他们在人际交往和学习的持久性上就会遭遇巨大的挑战。

无为而治的智慧引导

如果孩子有了这些不合理信念，家长千万不要急于纠正，因为这可能会适得其反，让孩子的信念更加扭曲。此时，我们不妨借鉴格式塔疗法的智慧，采取一种看似无为而治，实则科学、有效的策略。

我们要学会顺着孩子的想法表达对他们信念的好奇。当孩子倾诉那些消极想法时，家长可以温和地回应："原来你是这样想的，这真的让我好奇，你为什么会有这样的念头呢？"然后，通过细心观察，为孩子指出他们在特定情境下总是自我否定和自我贬低的模式。这就像举起一面镜子，让孩子在镜子里清晰地看到自己。

例如，当孩子说"我学习肯定不行，去学校也是拖后腿"时，家长可以回应"我发现每次提到学习，你都会这么说自己，这似乎成了一种固定的想法，不知你有没有留意到”。这种回应不是直接反驳或教育孩子，而是引导他们进行自我反思。在这个过程中，不合理的信念就会像冰雪一样在自我审视的阳光下自然而然地消融。

这可能是一个漫长的过程，家长要保持谦逊和耐心，千万不要试图强行改变孩子的认知，而是应当陪伴着他们慢慢探索这座复杂的迷宫，找到走出困境的正确路径。因为只有孩子自己认识到信念的不合理性并主动寻求改变，才能彻底挣脱这沉重的枷锁，以全新的姿态踏上复学之路，重新拥抱充满希望的未来。

咨询案例

来访者（儿子）：我觉得我受委屈了。

咨询师：受委屈了？

来访者（儿子）：我回去跟父母说了一下那个事。我说，“我被人家欺负了。”这个事倒不是什么大事，但是，我觉得被欺负了。我说，“别人打了我两下。”什么乱七八糟的父母？他们给我的回应是，“人家为什么不去欺负别人？班上那么多同学，怎么就盯着你欺负了？”

咨询师：当父母这么说的时候，你心里怎么想？

来访者（儿子）：我小时候就觉得挺难过的。

咨询师：我看，你现在说的时候都有点难过。没事，哭出来。

来访者（儿子）：然后，后来越长越大了。

咨询师：那时候多大呀？

来访者（儿子）：小学，刚上小学。

咨询师：刚上小学的时候。

来访者（儿子）：就遇到了这样一桩事，就是这样的一个结果。后来，慢慢长大，又陆陆续续发生了几起。先前，我还会回家用同样的方式说出来。我说今天同学怎么欺负我了。然后，我妈每次都是一样的，给我一句话“人家同学为什么不欺负别人就欺负你”。我自己也挺委屈的。我被同学欺负了，我也没干坏事，爸爸妈妈也教我不能打人。然后，我说不是我主动的，我坐着好好的，人家过来搞我。我回去之后就不太喜欢上学了。

咨询师：不太喜欢上学了？然后，到学校有什么感受？跟我说说，我该怎么理解呢？

来访者（儿子）：因为我知道这种事人人都会遇

到。应该大部分人都遇到过。

咨询师：你还自己劝自己，是不是？

来访者（儿子）：但是，我每次回家，爹妈都不向着我。

咨询师：爹妈都不向着你？我能不能理解为，其实你心里很希望他们能够向着你，站在你这边，是不是？

来访者（儿子）：你就说点别的也行啊！总说，“人家为什么不欺负别人就欺负你？是不是自己有什么毛病？”

咨询师：你自己有什么毛病？

来访者（儿子）：对，那是小学四年级的时候。

咨询师：被打了，还被爸妈说你自己有什么毛病？后来呢？出事的那一年因为什么事儿开始彻底厌学？

来访者（儿子）：当时正好刚上小学四年级，又遇到这么一个事。

咨询师：也是校园里的事？

来访者（儿子）：当时又发生了一件什么事……我妈让我去超市买东西，拿她的卡买。我就按照她的要求来，但是买完之后，她非说我拿她的卡乱买一些垃圾食品吃。就这点事。当时发生了争吵。后来就这样了。结果，过了两天，她又让我去买东西。当时，买之前她跟我说“你这趟别再买垃圾食品了”，我觉得他们好像都不信任我。

咨询师：不信任你？

来访者（儿子）：没有人相信我说的话。然后，我就在自己那屋，大半年没出门。

来访者（儿子）：大半年没出门？

来访者（儿子）：就在我那个小屋里。他们出去上班后，我才出去拿点吃的。除了因为这个，我都不出门。包括上厕所，我也在我那个屋，就找个方便兜。

咨询师：找个方便兜？

来访者（儿子）：不敢出去。

咨询师：不敢出去？

来访者（儿子）：然后很长时间，能有六七个月，这个事就慢慢放下了，就有点淡了。

咨询师：有点淡化，是不是？

来访者（儿子）：然后就出来了。我说我想重新开始。

分析：家长一遍一遍不断地说这些伤人的话而不自知，而孩子就在这个过程中逐渐形成了不合理信念。这个不合理信念可能就是：我有问题。所以，当孩子持“我有问题”这个不合理信念时，他的行为就会受到影响。他的这种恐惧没法表达，因为得不到父母的理解和支持。他就把自己封闭在一个房间里，连上厕所都要在屋里，拿个方便兜解决。在家里吃饭都是趁着父母走了偷偷跑出去拿，然后再回自己的那个很小很小的空间里面。躲在里面对他来说才是最安全的。所以，这个孩子实际上是受伤了，而且伤得很严重。这个是创伤给他造成的一种现象。即便如此，在六七个月时间里，这个孩子还是慢慢地靠着自己一点一点地走出来了。

总结与期望

理解和化解不合理信念可以触及人的灵魂深处，是很艰难的。家长和孩子需要携手并肩，共同穿越认知迷雾，让孩子的心灵重获自由，才能让复学之路洒满阳光，照亮孩子前行的方向。

第六章

孩子的异常行为：求救信号

孩子的行为表现，特别是异常行为，其实是非常明确的信号，表明孩子的心理状态出现了问题，这是我们判断他们能否顺利返回校园的关键指标之一。

异常行为是求救信号

有些孩子会产生幻听幻视，仿佛能听到无人之境传来的呼唤、指令，或者目睹奇异幻影悄然靠近；有些孩子穿起与季节相悖的衣物，如在炎炎夏日裹紧棉衣或在寒冬腊月身着单衣；还有些孩子在个人卫生方面表现出异常，如长期不刷牙、不洗澡；也有个别孩子会出现与性别认同相关的异常行为，如男孩对女性服饰、装扮偏好，女孩背离传统性别行为。以上这些行为背后往往隐藏着复杂的心理困境。

这些异常行为都是孩子内心深处发出的求救信号。当这些行为频繁出现且孩子无力自控时，校园环境便会对他们产生强烈的排斥，最终导致孩子厌学，甚至休学。

异常行为背后是心理防御

经过深入探索，我们发现这些异常行为其实是孩子内心构建的防御堡垒。孩子为什么在大热天把自己包裹得严严实实？为什么沉迷于奇装异服或特定的亚文化行为？这反映了他们对外部世界的恐惧与不安，是他们寻求安全感与自我认同的独特方式。就像蜗牛躲进坚硬的壳一样。

例如，有些孩子在角色扮演的世界里才能找到真实的自我，因为在那里他们可以暂时摆脱现实的压力与异样的目光，获得内心的片刻宁静。而在校园或家庭中，他们因害怕被误解、被排斥，只能将真实的自己深深隐藏，在伪装的壳里独自挣扎。这种长期的伪装使他们身心俱疲，复学之路也变得崎岖坎坷，因为他们无法以真实的姿态融入校园生活。

爱与接纳

如果说孩子的异常行为是一种防御机制，那么让孩子卸下这层防御最好的方式就是家长无条件的爱与接纳。“不管你是什么样子，你都是我的儿子 / 女儿，你可以成为你想成为的样子”这类简单的话语可以产生巨大的力量，极有可能让孩子打开紧闭的心门，松动坚固的防御。

当然，这样做远远不够，我们还需要进行学习与训练，才能在孩子卸下防御后，探寻他们异常行为的根源——是因为家庭关系紧张，还是源于早期成长经历中的创伤？只有对家庭关系进行全面审视，调整好夫妻关系、营造和谐的家庭氛围，家庭才能真正成为孩子复学的坚强后盾。

咨询案例

咨询师：（对母亲）我想问问你，从你的角度，你怎么看待你们家现在出现了什么问题？你不断地看你儿子，家里怎么了？

来访者（母亲）：我儿子现在好像有心结没打开。

来访者（儿子）：是有心结没打开。

咨询师：你怎么理解你儿子的心结？

来访者（母亲）：可能是我们家长处理得不太好。有些地方不太理解他。

咨询师：理解什么？心里怎么想的？

来访者（母亲）：他跟我们说的和他自己想的可能有点不同。

咨询师：我看你反思自己的时候，你掉眼泪了，眼眶红了，是吧？没事，可以哭出来。你觉得好像孩子心结没打开，是不是自己可能有的时候对孩子不是很什么呀？

来访者（母亲）：不是很懂。

咨询师：不是很懂？那你跟他说过吗？你说“妈妈渴望懂你”。你有没有跟他说过？你现在告诉他。

来访者（母亲）：儿子，我很渴望懂你。

来访者（儿子）：我们家里的情况现在都挺难的，我每天就是生活得小心翼翼。

咨询师：（对儿子）小心翼翼？我怎么理解你说的这个小心翼翼？给我举个例子。

来访者（儿子）：就躲起来。

咨询师：躲起来不产生冲突？

来访者（父亲）：躲起来，关上门。

咨询师：（对父亲）孩子就躲起来了？

来访者（父亲）：甚至，那个时候我们喊他、叫他，一点回应都没有。门一关，他在房间里干什么我们也不知道。

咨询师：就是你说话的时候，他连回应都没有？

来访者（父亲）：我们一旦说错话，孩子就是那个做法。

咨询师：那么，他关上门，你是什么感受？

来访者（父亲）：我们没了联系的桥梁，沟通的桥梁都没了。我们不能跟他当面沟通了。

咨询师：连沟通的桥梁都没有的时候，你心里什么滋味？作为爸爸。

来访者（父亲）：失败。

咨询师：内疚、失败。（对儿子）你自己是不是有挫败感？我听到你妈妈说，她很渴望懂你。你爸爸说，好像哪一句话说错了，你就关上门，他心里很挫败。在我看来，好像他们两个人都渴望和你交流。

分析：我们把妈妈说的话和爸爸说的话做了一个总结。并把他们的意向和渴望反馈给了孩子。很多时候，孩子一锁上门，爸爸妈妈就不知道该怎么办了。爸爸妈妈很着急，有的就会踹门，有的还会做一些其他事情。面对类似的情况，家长在对孩子表达的时候要让他们看到积极正向的东西。孩子关注的可能是父母对他的不理解，而我们要去澄清的是父母渴望走进孩子的内心。

总结与期望

在孩子的复学过程中，理解并化解其异常行为背后的心理困境，是家长与孩子共同成长的关键一步。只有拆除行为背后的防御工事，重建孩子内心的安全感与自信，才能让他们以健康、积极的姿态重新融入校园生活，续写成长的篇章。

第七章

孩子顺利复学的基石：和谐的家庭关系

孩子能否顺利复学，除了要关注生理、认知、情绪和行为等因素，还要注意家庭关系这一重要因素。《2024 儿童青少年抑郁治疗与康复痛点调研报告》显示，学习压力和家庭环境是对孩子生病影响最广泛、最深刻的两大因素。许多家长想绕过家庭关系直接矫正孩子的异常行为，这是不可行的。要想让孩子顺利复学且持续进步，绝不能跳过家庭关系这一环。孩子好起来需要家庭关系和孩子自身努力这两股力量合力。

夫妻关系的重要性

夫妻关系对孩子的成长有着深远的影响，往往贯穿孩子的一生。家长要明确自己在夫妻关系中的角色，不能在伴侣面前扮演“父母”的角色，否则不但自己疲惫不堪，还会对对方百般挑剔。夫妻分床，关系不亲密，不能以大家都这样将其合理化，因为这种状态会影响孩子。修复和疏通夫妻关系，各自回归正确角色，比关注孩子的身体状况等更为重要。对多次休学或长期在家无所事事的孩子来说，如果父母的夫妻关系不和谐，那么他们可能会发展出其他防御机制，直至难以融入家庭和社会。

亲子关系问题及应对

健康、亲密的亲子关系能为孩子提供源源不断的情感支持，让他们在重返校园的过程中感受到家庭的温暖与支持，从而更自信地应对学业压力和校园生活的种种挑战。反之，如果亲子关系存在裂痕或处于不和谐状态，孩子在复学道路上可能会举步维艰，因为他们内心的不安与迷茫会被无限放大。

然而，在现实生活中，亲子关系常常出现各种复杂的问题，面临诸多挑战。诸如金钱关系对情感的侵蚀、情感的对抗与损耗等问题不仅影响当下的亲子互动，而且会给孩子的复学及未来的人生发展埋下隐患。因此，全方位地审视亲子关系，探寻修复与建立良好亲子关系的有效策略，已成为每一位面对孩子复学问题的家长亟待解决的重要课题。

评估亲子关系现状

家长应及时、主动地对亲子关系进行评估，初步了解亲子关系现状。可采用 1 ~ 5 分的评分标准，5 分表示关系最佳，1 分表示关系最差。不同分数表示不同的关系状态，如 3 分表示关系尚可但孩子不愿说心里话，4 分表示孩子会主动聊天但仍未敞开心扉，5 分表示关系较好但可能存在过度融合问题。这一评估有助于家长认识到亲子关系中可能存在的问题及其对孩子复学和成长的潜在影响，为后续改善亲子关系指明方向。

同时，家长要警惕金钱关系对亲子关系的侵蚀。在亲子关系中，金钱对情感关系的侵蚀不容忽视。有些家长可能会发现孩子用家长给予的金钱数量来衡量亲情，这深刻反映出亲子间情感联结的失败。正常的亲子关系应建立在陪伴、理解、支持等情感基础上，过度依赖金钱来维系亲子关系会导致孩子感受不到真爱，进而产生隔阂。例如，有些长期缺位的父亲试图用金钱拉近父子关系却最终失败，甚至有的孩子为了避免与父亲产生联系宁愿放弃其经济资助，这些都表明亲子关系中的情感断裂已极为严重。

修复亲子关系

当亲子关系降至冰点状态时，表明家庭矛盾已经十分严重。此时，家长可以采用以下三个步骤来缓解家庭矛盾。第一，保持耐心，并主动接近孩子。孩子通常会先向家长表达愤怒，这是其破除防御的表现。家长要以平和的心态接纳。第二，不论孩子如何试探，家长都要保持真诚，并积极回应孩子的试探，让孩子感受到家长的改变和关心。第三，当孩子内心柔软的部分逐渐展现时，家长要真诚道歉，逐步赢得孩子的信任，重新建立亲密的情感联结。

家长也要避免亲子关系中的对抗与情感损耗。许多家长在亲子关系中易陷入与孩子对抗的状态，特别是那些以自我为中心、执拗、强势的家长，更容易与孩子发生冲突、对抗，这会严重损害亲子关系。例如，担任政府官员的父亲与孩子僵持不下，即便孩子多年不认他，他仍不反思，最终导致双方关系破裂。亲子之间的这种对抗不仅影响家庭关系，还会影响孩子未来的发展。在中国文化背景下，缺乏父母祝福、支持的孩子在事业和婚恋等方面往往会经历各种曲折。因此，家长应学会放下自我，以平和的心态对待孩子，避免对抗，积极修复亲子关系。

重建良好的亲子关系

家长与孩子建立良好的情感联结是支持孩子复学的重要前提。要想让孩子顺利复学，亲子关系评分至少要达到 4 ~ 5 分，只有在这种状态下，家长才能有效支持孩子。因此，家长要积极地与孩子进行沟通，关注他们内心的感受，尊重他们的想法，在日常生活中多陪伴孩子，和孩子一起共同参与各种活动，增进彼此间的感情，从而建立起稳固的支持性亲子关系。

当然，在支持、帮助孩子复学的过程中，家长也要避免矫枉过正。部分家长学习心理学后会过度自责，认为孩子的问题都是自己造成的，进而过度关注孩子，如孩子复学后担心各种问题，这种过度担心反而会影响孩子的学习和生活。家长应正确看待自己的责任，不可过度自责，并且将自责转化为自我反省和自我成长，避免陷入无限自责的状态。同时，家长也要防止因自责而无底线地讨好孩子，失去与孩子平等互动的能力。在孩子复学的不同阶段，家长要把握分寸，在孩子痛苦时给予更多的理解和关爱，在孩子康复的过程中保持与孩子平等互动。

如何调整家庭关系

在家庭关系中，家庭成员间彼此的距离和每个人的位置相当重要。例如，改变家庭成员座位的顺序就可能营造出不同的家庭氛围。此外，家长可以按以下八条行动准则来调整家庭关系。

1. 爸爸妈妈按时回家。

2. 爸爸妈妈一起去买菜，可以邀请孩子，如果孩子愿意，就一起去，孩子不愿意也不必强求。

3. 回到家后，爸爸妈妈一起做饭。

4. 吃完饭后，爸爸妈妈一起做家务。

5. 爸爸妈妈手拉手一起散步。

6. 爸爸妈妈一起看电视。

7. 爸爸妈妈在一张床上睡觉。

8. 爸爸妈妈每天至少通两次电话。

父母的关键行动与心理支持

心理咨询引导：去病理化支持

父母的首要任务是在尊重孩子的前提下秉持去病理化原则，帮孩子寻求心理支持性咨询。当孩子拒绝咨询时，父母如果仍有担忧，可自行寻求心理咨询师的帮助。但请务必明确，这是为了给予孩子情感支持，而非将孩子视为有严重疾病的个体。这种态度转变能为孩子营造轻松的心理氛围，避免其因被过度“病理化”而产生心理负担。

家庭关系重塑：营造生活气息

严格执行上述八条行动准则：爸爸妈妈按时回家、一起买菜、一起做饭、一起做家务、一起散步、一起看电视、同床睡觉、每天至少通两次电话。即便是单亲家庭，也应尽力营造类似的家庭氛围，展现幸福感，制造生活气息。这一系列行动旨在重塑家庭凝聚力，让孩子感受到家庭的温暖与稳定。在充满爱与关怀的家庭环境中，孩子能汲取力量，增强面对外界的信心与勇气。和谐的家庭关系就像肥沃的土壤，能为孩子的心灵成长提供充足的营养，使其具备足够的心理韧性，可以应对复学的挑战。

亲子沟通升级：情感共鸣的表达

在亲子沟通方面，父母应避免批评、比较、教育等生硬的交流方式，而应使用饱含情感且真诚的话语去触动孩子的内心。例如，“我知道你挺不容易的，付出了很多”“我知道你已经很努力了，做出了很多牺牲”“我知道你心里很委屈、很难受，但你一直在坚持”“你没有自己想象的那么糟糕”“这不是你的错”“我们尊重你的想法和决定，愿意陪你一起面对”，等等。这些话语需在适当的情境下自然地表达出来，让孩子真切地感受到父母的理解与支持，从而敞开心扉，与父母建立更紧密的情感联结。

咨询案例

来访者（母亲）：她那时候特别依赖我，寸步不离。我走到哪儿她都得跟着，我离开一会儿都不行。后来，过了几个月，慢慢有了这个手机，开始玩手机。

咨询师：她跟你寸步不离，那个时候你什么感受？

来访者（母亲）：心里很焦虑。

来访者（女儿）：陪我有啥不好的？

来访者（母亲）：因为她状态不对。她已经是八年级的孩子了，跟妈妈寸步不离，没有独立感。

咨询师：她以前不会这样？发生什么了，就寸步不离了？你想想，家里或学校里发生了什么，导致她跟你寸步不离？

来访者（母亲）：开学头一天，放学回家以后她突然就变了。她就告诉我，楼下有两个小朋友发生了矛盾，她感觉特别不好。

咨询师：听她说怎么了？

来访者（女儿）：可能不是那件事。

来访者（母亲）：当时是这么说的。

咨询师：（对女儿）是哪件事？你说说，我听听。

来访者（女儿）：我忘了，不说了。反正就是吵架了，有人吵架了。

咨询师：谁和谁吵架？

来访者（女儿）：一个男的和一个女的。

咨询师：一个男的和一个女的？怎么吵的？

来访者（女儿）：就那么吵呗。

咨询师：一个男的和一个女的在吵架，吵得很厉害？

来访者（女儿）：不是那种吵。反正就是吵，我也是……

咨询师：所以，当他们吵架的时候，你怎么样？你很害怕？

来访者（女儿）：我也劝不动。

咨询师：所以呢？

来访者（女儿）：没有所以了。

咨询师：一男一女吵架，你又劝不动？这话说的。

来访者（女儿）：反正过了两天他俩就和好。

咨询师：这一男一女是谁呀？

来访者（女儿）：就是朋友。

咨询师：爸爸妈妈吵架了吗？

来访者（女儿）：我忘了。

咨询师：（对父母）这一男一女吵架，好像对她是有影响的。可能你们无法理解，是什么对她影响这么大，是不是？

来访者（父亲）：我不知道啥意思。咱们为什么呢？她现在上学就行。

来访者（母亲）：只是我始终不知道是什么原因。

来访者（女儿）：我不想在学校待着。

咨询师：（对母亲）但，我好奇的是，她一下子就特别依赖你？

来访者（母亲）：对呀，我也好奇。

咨询师：忽然变得特别依赖你？

来访者（母亲）：现在，让我们感到很困惑的是，我们跟她交流上已经出现问题了。就是沟通上很成问题。我不带情绪，或者是我放下脾气跟她说话，她嫌我唠叨，说一句话都嫌唠叨。

来访者（女儿）：我都已经给你答案了，你还要再说我。那不是磨叽是啥？

来访者（母亲）：我说一句话，如果她觉得没随她的心或者是不对她的意，马上就来劲了，情绪很不稳定。

咨询师：孩子情绪不稳定会是一个什么状态呢？

来访者（母亲）：就现在这个状态。

咨询师：这倒没事。有没有歇斯底里地砸东西或骂人？

来访者（母亲）：那倒没有，没有这种状态。顶多把门一关就进屋了，然后玩游戏去，不理我们了。或者恶声恶气的，说两句反驳的话。昨天晚上做饭，她要做蛋炒饭。她爸爸提醒她，做饭当中有一些安全的常识。她爸说一句，她马上就反驳“我又不是没做过，我又不是不知道”。把她爸爸气得就不行了，气得出来都咬牙切齿了。但是没有办法。我当时劝她，我说“爸爸都是好心，想提醒你，怕你受伤”。她不接受这种说法。我当时很生气，她也非常生气。现在这种事太多了。

咨询师：看起来，这孩子心里还是有很多不满和愤怒。

咨询师：（对女儿）孩子，我想问问你。你对父母的不满和愤怒是从什么时候开始的？

来访者（女儿）：早就有了。

咨询师：多大？

来访者（女儿）：小学就有了。

咨询师：小学就有了？一直没表现出来是吧？

来访者（女儿）：是。可能有记忆的时候就有了。

咨询师：你对她们最大的不满是什么？

来访者（女儿）：太磨叽了，不理解我，做饭不好吃。

咨询师：你说的是对你的态度是不是？他们这样对你，是不是？他们之间呢？你刚刚说了一个点，说一男一女吵架。其实，你刚刚说的时候，你知道我联想到什么？我联想到你爸妈吵架。

来访者（女儿）：主要是他俩是发小。然后我跟他俩平常也总玩，总在一起。他们突然就吵架了。

咨询师：那真的很可惜是吧？他俩是发小，那他俩是不是关系就闹崩了？

来访者（女儿）：没有，后来好像和好了。好像是因为——就是那啥来着？我忘了。反正当时闹得挺大。

咨询师：闹得挺大？你当时的心情是什么？你心里很害怕？

来访者（女儿）：不是害怕，我害怕那玩意儿干啥？

咨询师：那是什么？很可惜？很替他们惋惜？

来访者（女儿）：惋惜啥？也不惋惜。

咨询师：就是，我刚刚想表达的是，一男一女吵架，如果你不说的话，我以为是你爸和你妈吵架。

来访者（女儿）：他俩吵按照我妈的话说，那不叫吵，只是大声说话。

咨询师：你妈和你爸经常大声说话？你对她们的这种状态有没有不满？是不是也很难和他们静下心来交流？

来访者（女儿）：应该是。

咨询师：或者，是不是对他们有排斥？

来访者（女儿）：抗拒。

咨询师：是不是就不想说？

来访者（女儿）：有可能。

咨询师：能不说就不说，能少说就少说？

来访者（女儿）：因为我觉得，跟父母说还不如跟别人说。

咨询师：好像别人更什么？

来访者（女儿）：更理解。

咨询师：更理解你。当别人更理解你的时候，你就更愿意说，是吗？愿意跟别人多说一点，是不是？

来访者（女儿）：对。就更爱玩手机。

分析：这个家里有一个看起来有问题的孩子。父母觉得好像不论自己做什么，孩子都会对他们有情绪，对他们有很多不满和愤怒。这恰恰可能是孩子心理上遇到问题的一种外显行为。这个部分大家一定要了解。有一位家长觉得，我都已经很小心翼翼了，但孩子还是对我很不满，总找我的事儿。实际上，这恰恰就是孩子遇到自己解决不了的问题了。所以我们要更稳定。我们进行了一个分析，在这里实际上有隐喻的部分。这个女孩九月看到楼下有一男一女吵架，这两个孩子和她都是很早以前认识的，是发小，两个人吵架让她很无力、很无奈。她面对那种无力状态时无法应对。这两个人吵架唤起的她的感觉是她面对父母吵架时的感觉。这是种隐喻。当女儿的这些感觉被唤起时，女儿会对父母产生抗拒，就更无法沟通了。所以，家庭关系对孩子的影响十分深远，我们要意识到这一点。

总结与期望

家庭关系和谐，孩子内心会更踏实，也更愿意走出去，与他人接触，他们的人际关系会变得更好。家长要记住，想修复和孩子的关系，就绕不开夫妻关系，夫妻关系和谐了，孩子和家长的关系也会逐渐松动。

一个充满凝聚力和希望、彼此支持、同感共情的家庭能成为孩子的避风港，也是孩子成长的动力源。孩子感受到家庭的温暖与力量，才更有勇气面对复学的各种困难。

第八章

孩子与家长的关键行动指南：为复学做准备

在孩子准备复学的重要节点前，无论是孩子自身，还是家长，都需要精心筹备。

脱敏训练：助力孩子适应环境

人群适应训练

在孩子回校前的一段时间（如半个月到一个多月的时间里），我们需要引导孩子进行脱敏训练。最开始，让孩子不穿校服去人多的场所，如超市、饭店、体育场等，观察其反应。如果孩子出现紧张、恐惧等躯体反应，可根据情况调整环境，从拥挤的地方换到相对宽松的场所，帮助孩子逐步适应人群。这一步旨在消除孩子对人群的过度敏感与恐惧，让他们在公共场合能够保持放松状态。

学校场景脱敏

孩子在公共场合能够保持放松状态后，安排孩子不穿校服去同类别的学校，从在学校门口观察开始，逐渐走进校园，逛逛操场和教学楼，适应陌生学校的环境。之后，在放学时段人流高峰期让孩子融入人群，感受学校氛围。最后，让孩子穿上校服回到自己的学校，按进校园、进教室、融入放学人流的顺序逐步适应。在这个过程中，如果孩子出现强烈的躯体反应，父母可给予陪伴、身体接触（如握手、拍肩等），帮助孩子放松。通过一系列的脱敏训练，孩子往往能够逐渐克服对学校环境的恐惧与不适，顺利回归校园。

孩子的心理调适与行为准备

认知重塑：适应优先于学习

孩子在复学准备阶段的首要任务是在认知层面进行调整：我们要认识到，孩子回校前期的首要任务并非立刻投入学习，而是适应校园环境与生活节奏。这种适应涵盖多个方面：在作息上，确保早上能够按时苏醒，夜晚能够安然入睡，逐步恢复规律的作息；在心态上，秉持“尽力而为、适可而止”的原则，避免被学业压力卷入内耗的旋涡。对于高自尊心、敏感或追求完美的孩子，这一点尤为关键。因此，我们反复强调这一认知，就是要让孩子在面对复学初期的种种挑战时，能够保持从容与淡定。

行为适应：基础能力的重建

在具体行为表现上，要让孩子努力达成几个基本目标。首先是“坐得住”，即便在课堂上出现些许躯体不适或焦虑情绪，也要坚持坐在教室中，逐步提升自身的专注力与耐力。其次是“听得进”，对感兴趣的课程积极投入，对暂时难以理解的内容，保持平和心态，不强迫自己立刻掌握。最后是确保“吃得下”，即维持良好的饮食状态，为身体提供充足的能量。在这一阶段，尤其是复学最初的一两周，孩子应以这些基本要求为行动指南，不苛求自己，允许自身在融入校园生活的过程中渐进式成长。

家长的支持策略与保障措施

作息保障：为充足睡眠护航

家长的首要责任是确保孩子获得充足的睡眠，严格保证孩子每晚拥有 8 小时的睡眠时间，如果孩子入睡困难，那么家长需灵活调整作息安排。例如，孩子晚上十一点入睡，可以允许其次日早上七点多起床；如果孩子早上需早起上早自习，但十二点甚至更晚才入睡，应考虑让孩子暂免早自习，避免因睡眠不足引发一系列问题。对于晚自习，同样需根据孩子的实际情况进行调整。复学前一两周家长要密切观察孩子的状态，如果孩子情绪不稳定或出现嗜睡等情况，可与孩子协商暂停晚自习，确保孩子的身心得到充分休息，为后续的学习生活奠定良好的基础。

压力缓冲：避免过度刺激

在学业方面，家长要坚决为孩子屏蔽不必要的压力源。在复学后的一个月内，避免孩子参加学业考试，尤其是带有排名性质的考试。因为长时间未学习的孩子在知识储备和应试能力上必然存在不足，考试排名可能会打击孩子的自尊心和自信心，引发强烈的自我否定情绪，甚至可能导致复学进程中断。对军训等活动同样要谨慎对待。如果孩子出现情绪障碍或身体较为虚弱，那么家长应考虑让孩子请假。因为军训过程中的高强度体能训练可能使孩子身体过度疲惫，同时人群环境和集体活动可能让孩子过度兴奋或受过多刺激，这些都不利于孩子在复学初期保持稳定的身心状态。

咨询案例

咨询师：（对母亲）我从你的表达中一直感受到一种期待。所以，你理想中的她是什么样的？你也直接表达出来。你也有防御，我看得出来。我可能也不能完全相信你。你也说实话，你理想中的孩子是什么样？你觉得她没有动力。那有动力的孩子是什么样？

来访者（母亲）：我说了就去做。虽然不可能一下子就做得多么好，但我只要说了，我就一点一点去做。

咨询师：做什么？

来访者（母亲）：上学啊。上学，回到学校。我说只上半天也行。

咨询师：但我们换句话说，她不想上学，这是虚假的？

来访者（母亲）：对，虚假的。

咨询师：所以，你理想中有动力的东西是假的。她去年就不想上学了。

来访者（母亲）：她没有动力。

咨询师：她实际上挺痛苦的。

来访者（母亲）：这个——挺痛苦，咱们可以再休息，慢慢再调整呀！

咨询师：那她现在就是去不了，你也不让她休息？

来访者（母亲）：我允许。之前我都说，“如果不行的话，咱再休学一段时间。”我跟她说过。

咨询师：她就是不想上。

来访者（母亲）：不想上也可以。你有什么爱好，咱们也可以慢慢培养。

咨询师：虽然她看似在恢复，但是你的内心有期待，各种期待“你不上学了，你找点什么爱好吧”但孩子还是不动，没爱好；“那没爱好，你看你干点什么事儿”。这不就像“你不上学，你可以去打工啊”。这样看来，你心里期待的东西让她有压力。我这样说你理解吗？

来访者（母亲）：能理解。

咨询师：能理解？你能不能感受到，我不知道。我现在说我自己。假如，我是你的孩子，我好像理解了她那句话。就是她其实并不能够完全信任你这个言语。比如，对她爸爸，她可能完全信任。我感觉。当然我不知道。但通过今天爸爸的表达，我觉得如果我是他的孩子，我可能会信任他。就是“我想学就学，不学你就放过我”。但是妈妈不行，我能感觉到。“反正不管怎么着，你也不知道。你让我去，我得讨好你。我没办法真实展现在你面前。”你现在是不是觉得她说到就该做到？比如有心理问题的人，他能说到就不错了，你还让他做到？是不是？我说了明天去上学，明天我就必须上半天？

来访者（母亲）：对，我知道。我们也在探讨咱们2+1的课程。她就说，“我们已经探讨到哪个阶段了？”我说，“现在我俩的探讨已经到第六阶段了。”她说，“我到第七八阶段了，干啥都行。”我说，“这么好。”

咨询师：她为啥说第七八阶段了，好了？就是和你有关系！我说得比较直白。

来访者（母亲）：还是我比较着急。

咨询师：没你想象的好。但是，她也要表现出比你想象的还要好。她要表现出来！但是，以后就有一个假象，这个假象证明她没有那个能力。她到了学校以后，她就消耗掉了，她不可能支棱起来了。只能半天在学校里，又回来。但是，她在家里给你营造氛围，让你感觉她好像一下子就一飞冲天了。但是，这个力量可能只能持续这么点儿时间。昙花一现！我这样说你明白吗？当然，我不知道你是不是还有别的想法。

来访者（母亲）：再就是，我……

咨询师：但她一定要告诉你，“妈妈，我挺好的，我挺好的，我现在就好了！”她是在安慰你。

来访者（母亲）：我对这一点……我也特别难受。

咨询师：你要考虑，为什么她不安慰她爸爸？因为她觉得，“我不需要安慰他。我把那种安慰给你，给你画大饼。”

来访者（母亲）：对。

咨询师：“我第七八阶段了，我都好了，我已经……”你去想，你考虑，这是你们家的核心点。

来访者（母亲）：她感觉，就是我没有完全接纳她，没有完全放下？

咨询师：现在不是她感觉，你感觉。别说她，咱今天别光让孩子真实，你也真实。

来访者（母亲）：就是说，她还没有达到，就像你说的，没有达到那个阶段。

咨询师：你别说她，她达没达到那个阶段不知道。你放没放下？

来访者（母亲）：我的意识里是放下了，潜意识里可能还有些没有放下。

咨询师：那这个问题就好解决了。其实，我一直觉得她能好，问题也不大。很简单的事，学习的事就放由她自己来。

来访者（母亲）：对，其实我的观点也是这样。

咨询师：你表现出来的那个状态就是你的观点。这骗不了人的，你老公刚一说话，你那个脸色！对不对？你明白吗？接纳不是嘴上说“我知道很难，希望她好起来”。我跟你讲，我看她一定会好起来。就像她爸爸说的，她不上学，不一定混得差。这小女孩多机灵。她在目前这个状况下，可能回学校确实对她的身心健康不好，给她造成的压力可能有点大。

来访者（母亲）：其实我也很心疼她。如果去了学校感觉不舒服的话，我也很心疼的。

咨询师：但是你要想她为什么说“我挺好的，我没问题，我都七八阶段了，放心吧，到时候我肯定好了，我挺好的”。她说得可好听了。

来访者（母亲）：对，我就特别容易相信她说的话。

咨询师：你要明白，她为什么要给你这样一个美好的回答。她自己其实也渴望好起来。但是第二点，她的能量达不到这么长时间。比如她给你勾画了这个美好的画面，她也想去做，但是她做不到。她可能坚持半天？俩小时？俩小时一到，她的能量就用完了。

在教室里还不如回家舒服。这点你必须明白。她现在还吃着药。是不是？但我相信，只要不上学，只要把这个点放下，只要全家都能接受，这个药就能慢慢停，她就能没事。（对女儿）现在吃多少片？

来访者（女儿）：一天吗？一天四片。

咨询师：一天四片，还不少。放下这个点就能慢慢地不再吃这么多药。你先不用上学，孩子。这个当然是叔叔自己的看法，有点主观，有点绝对。我想听听你的想法。

来访者（女儿）：现在，心里就两个字"佩服"！百分之九十九——我的想法——不想上学。还剩下百分之一，我也不是说完全放下学习。跟妈妈没有关系。因为我自己心里也知道，以后进入社会，能力的确很重要，但是不可能说没有文凭，光靠能力。说到上半天学，可能有的时候我真的是想去学校上半天。但是我去上学，我只是觉得人很多、很热闹，我喜欢那种感觉。然后，我偶尔能听懂这个部分，我听一下，我觉得还挺不错。然后记个笔记，觉得还挺自豪，还挺骄傲。今天完成度还挺高！但是，我的想法是妈妈可能认为我上一天学就是上了一天的课。当然，这只是我内心的想法，不代表妈妈这么想。就是，也不是说完全放下学习。但是，每天都上半天，或者连续上学，对我来说的确很困难，因为我内心其实也不喜欢学习。

来访者（母亲）：呀！我没要求她每天坚持去上学。我还跟她说，“你累了，咱也可以休息。”

咨询师：（对母亲）她有她的想法，她自己有一部分也不想放弃。

来访者（母亲）：对。我说“你累了就可以休息，你不上学你就告诉我。你不去也没问题”。我真的没有催促过她。包括直播的时候跟你连线，她也说想去学校什么的，我从来没提过这件事，都是她自己提的。

来访者（女儿）：但是，其实那些跟王老师说的一样，可能就是安慰你。

来访者（母亲）：所以你每次都是安慰我？

咨询师：也是迫于压力——你看你们改变都这么多了，我还没回到学校。

来访者（母亲）：对，我觉得这是我们两个之间的事吧。她越是感觉我们改变了，她越有压力，就会“给你点安慰吧，我就表现得好一点”。她表现得好一点了，我就看到这孩子可能是好一点了，我就稍微对她有那么一点要求了。可能就是：如果她好一点，我就对她提要求，你上学也行，不上学也行。你就是该请假请假，让我知道。我不是说逼着她非要去上学。上网课的时候老师让请假，她也不请假。你心里不舒服，你不上学也行。

咨询师：你在这儿解释，也转不过来。你还没很好地理解你女儿说的第一点。在学校里，她也学习。你听到了吗？她喜欢同学，喜欢那个氛围。偶尔能听懂，她也会很开心，前提是她投入进去学，有点收获。她很开心，但不是她的常态，她大部分时间是基本听不太懂的。第二点，她不是太愿意学习，说白了，她不是爱学习的人。咱们实实在在地说，是不是这样？孩子就是这样。咱们都真实地表达，孩子就不是很爱学习的人，就不爱学习。你非得让她在那儿学，她就难受。明白了吗？但是，她自己也知道，光有能力没有成绩，没有大学文凭也不行，所以她心里其实也有冲突。这个时候我们就要反过来，想想怎么安慰她。那我们就想想，如果我是孩子，每天去学校。回到家父母先问“怎么样”。是不是？她跟你讲“我今天学得很难”，那你说“你别学”。你得先理解她的痛苦和难受。如果她能真实地对你表达出来，说“妈我不太想学了，我也跟不上”，你却说“我给你去找个补习班儿”。那不行！对吧？你得理解。

来访者（母亲）：希望她说这种话。

咨询师：对。但是你的回应可能不像我这么精准，她可能就没办法跟你说这样的话。你反过来还得安慰她。你以为她在家躺着不上学，看其他同学都上学，她心里开心吗？她也不一定。你反而得安慰她。

来访者（母亲）：明白。

咨询师：因为她在吃药康复。至于学习，你看现在，学习都是终身学习，等三十多岁四十来岁的时候想考了再考也一样。对不对？二十岁干什么都可以。现在学习也不是说非得怎么样。而且，你要想，我说的是实话，她不是不想学。咱们不是说完全放弃她，只是她现在这个状态，可能学不来。但是，她为什么去上学？为了宽慰你，这个因素占一大部分，一小部分是她自己没放弃自己。但是，她确实不爱学。这你还没看透。你从小就这么样弄她，最后把她弄得出现了心理问题。咱现在不弄她。你让她自由，自自然然多好。（对女儿）怎么了？

来访者（女儿）：觉得这番话真的很好，真的很佩服。

来访者（母亲）：好，我也想让她轻松一些。

咨询师：（对母亲）我真觉得她可以。现在你要允许她做她自己。她为什么愿意出去玩，愿意和同学交流，不愿意留在家里？你总问她，“你今天上不上网课？那你不上网课，你给我汇报一声。”你说她给你汇报什么？是不是？她越给你汇报越有压力。告诉你，她本身想给你呈现一个美好的自己，她怎么能说“妈，我不上网课了”？她不能信任你的接纳。当然，有时候老师可能需要父母知道孩子的状况，那是另外一回事。但是，你要知道，其实她每一次当着你的面对你说出这样的话的时候，实际上她心里是有压力的。

来访者（母亲）：她一直在考虑我的态度，关注我的情绪。

咨询师：有反思。好吧。我希望你们能达成一致。你别让她难受，你自己也别难受，她爸爸也别难受，你们全家都轻轻松松的多好。你这姑娘多机灵！你担心她什么？她今年学不了，明年学不了，后年学不了，或者说她就不上高中，自己找个技术学，你觉得她以后会发展成什么样？等她状态好了以后，她照样行。现在网上有正规的线上大学，这种学校甚至国外留学可能都一样，有没有高中毕业证都一样的。以后她自己再学就行。她爸爸十三岁毕业自己混得比别人还强，是不是？

来访者（父亲）：那是没办法。

来访者（母亲）：其实，我也跟她表达过。可能我们之间的交流沟通也有一些问题吧。我害怕她再压抑，再像以前一样。其实，我心里也是这么想的。两年了，头一年，吃了一年药，身体还是不舒服，恶心、呕吐、头晕。

咨询师：（对女儿）现在医生没让你减药？

来访者（女儿）：上个月刚减了两片，一天减了两片。

咨询师：多运动。把学业放下，我估计还能减。

来访者（女儿）：我最近跟朋友打羽毛球，不过只是在家里，就是在我租的那个房子里。其实我每天都出去玩儿，但是都是跟好朋友，我们在一起很放松，我喜欢跟朋友一起玩儿，我们两个在一起特别玩儿得来。她也会陪我打羽毛球。反正就是很舒服、很自然，我就愿意跟她在一块儿玩儿。我妈妈也知道那个朋友，但是她不知道我每天出去玩儿，以为我在上网课。

咨询师：那你现在实际上也是在告诉她。

分析：这种情况就是，当孩子稍微好一点儿的时候，父母就觉得：是不是该上学了，是不是该回学校了；你看你都好这么多了，你是不是该学习了？我们做心理辅导的过程中，很多时候会遇到瓶颈：忽然觉得，这孩子前段时间挺好的，好像越来越好了，怎么一下子又不好了？其实，这种情况往往是父母导致的。孩子其实知道父母的意愿。这个女孩就愿意讨好她的妈妈。她本身从小就有这种讨好模式。“妈妈，我现在快好了，我能上学了。”实际上她自己可能还没好，但她还是上学去了。妈妈挺高兴，没事就给语文老师打电话，“孩子上学怎么样？在那边怎么样？”语文老师说，“孩子没来上学。”实际上她是为了讨好她妈妈。所以，这个案子里面，是谁不真实？

咨询师让妈妈直面这个问题：你的孩子就是为了讨好你！她不想上学，你能不能接受？不断地追问。让她认识到她说的每一句话都铺垫着那个要求，每一句话都铺垫着那个期待。“不上学了是吧？你可以找点爱好，你看看做点什么。”妈妈是不放弃的。所以，每一个家长都要反思为什么你的孩子不能好起来？你的孩子面对你的时候总是说你不懂，后面总有那个东西，这点是潜意识里的。

总结与期望

在孩子复学的准备阶段，孩子与家长需紧密协作，共同遵循这些科学合理的原则。孩子积极调整心态与行为，家长全力提供支持与保障，如同为复学起航打造坚固的船体与可靠的导航系统，助力孩子在复学的航程上平稳前行，顺利开启新的人生篇章，实现从家庭到学校的平稳过渡。

第九章

孩子复学的内省指南：自我洞察

外部环境的优化与支持对复学固然重要，孩子自身的内在洞察更是关键所在。这一自我洞察的过程如在心灵深处点亮一盏明灯，照亮孩子认识自我的道路，使其能更好地应对复学路上的种种挑战。

情绪探寻：波动中的规律认知

我们要帮助和引导孩子仔细观察自己情绪的起伏变化，寻找其中可能存在的规律。无论是在一天中的不同时段（如清晨的懵懂时刻、午后的慵懒时光、傍晚的静谧时分），还是在不同的场景下（如教室里、老师办公室里、操场上），抑或面对不同的人物（如严厉的老师、友善的同学、亲密的家人），都要细心留意，以掌握自身情绪的微妙变化。

如果孩子发现自己在特定时间或情境下情绪容易波动，如早上总是莫名恐慌，那我们要让他认识到，面对情绪波动不必惊慌失措或急于探寻原因，只需坦然接受。然后让他持续观察，当这种情绪再出现时，告诉自己“我知道此刻我感到恐慌，但这只是暂时的”。也许经过一段时间的观察，孩子会发现这种规律性的情绪波动趋势可能在某一天突然不再出现。通过这种方式，孩子能够逐渐熟悉自己的情绪节奏，在情绪低落时主动减少压力，在情绪高涨时适当增加挑战，从而更好地管理情绪，保持内心的平衡。

认知剖析：学业中的能力洞察

我们要帮助并引导孩子对自己的认知能力进行深度剖析，尤其在课堂学习这一关键场景中，孩子需要尝试了解自己在不同学科上的表现，思考自己在一堂课中能够有效吸收和记忆多少知识，是否能紧跟老师的思路，还是时常感到迷茫和困惑；上哪些课时能够轻松集中注意力，上哪些课时容易分心走神。

对于因心理或生理原因导致认知能力暂时受限的孩子（如正在服药、患抑郁症或其他情绪障碍的孩子可能会出现记忆力下降、思维迟缓、注意力分散等情况，但这并不意味着他们无法学习），他们需要更加耐心地观察自己的能力区间，了解自己的实力底线；通过逐步训练和适应，他们依然能够提升自己。通过提升自我认知，孩子应能够合理安排学习任务，充分发挥自身优势，避免过度消耗精力，为复学后的学习和生活找到合适的节奏。

行为审视：校园中的举止反思

我们还需让孩子将目光投向自身的行为表现，仔细审视自己在校园环境中的各种行为举止，留意自己是否存在一些特定场景下的异常行为。例如，在某些课上总会感到困倦，见到特定的老师或同学会出现目光回避、身体紧张、言语结巴等反应。

在复学初期，这些行为可能是由紧张、焦虑或不适应引起的，属于正常的心理反应，但如果出现一些极端或明显的异常行为，如在不合适的场合脱衣服、无端地大喊大叫等，就需要引起高度重视。同时，孩子也要关注自己是否存在自伤或其他极端的想法及行为倾向，这是保障自身安全和健康的关键环节。通过对行为的持续观察和反思，孩子能够及时发现问题，并采取相应的措施进行调整，逐渐适应校园生活的规范和要求。

人际洞察：社交中的关系构建

让孩子将注意力聚焦于校园人际关系的建立与维护上。在复学初期，不必追求立刻拥有深厚的友谊，可以尝试先找到一个基本的“搭子”，一起吃饭、上课、放学。这个“搭子”能够在一定程度上缓解孩子在校园中的孤独感，为他们进一步拓展社交圈子奠定基础。

对敏感、多疑或曾经在社交中遭受挫折的孩子来说，建立信任和亲密关系可能会面临一定的困难，但只要从简单的互动开始，逐步增加与他人的交流和了解，就有可能发展出深厚的友谊。同时，要特别关注同桌或室友等身边密切接触的人，因为他们的言行举止可能会对自己的情绪和学习状态产生重要影响。如果在人际关系中遇到问题，孩子可以及时与家长或老师沟通，寻求建议、支持或帮助。

总结与期望

在复学道路上，自我洞察是一项不可或缺的能力。通过对情绪、认知、行为和人际关系的细致观察与反思，孩子能够更加了解自己，增强自我调节能力和适应能力，从而更加自信、从容地应对复学带来的各种变化和挑战，实现从家庭到学校的平稳过渡。

第十章

巩固复学成果的途径：社会支持网络

同伴关系的搭建与维护

对那些经历过一段时间“躺平”的孩子来说，重新踏入校园就如同开启一段充满未知与挑战的新征程。这不仅意味着要重拾学业，更要在校园环境中重新构建社交关系，融入集体生活。

孩子从休学状态重返学校，就如同树苗移植，需要精心构建支持系统才能使其茁壮成长。这一支持系统就像稳固的三脚架，其中同伴关系是最为关键的支撑点。中国科学院《2022 年国民心理健康调查报告：现状、影响因素与服务状况》报告显示，朋友支持是家庭支持之外重要的支持来源，调查分析发现，抑郁风险检出率随着朋友支持的增多而递减。在缺乏朋友支持时，抑郁风险检出率（32.3%）远高于平均水平（10.6%）。同伴关系涵盖同桌、室友和朋友等，如果孩子长时间离校，未结识新同学，那么孩子因缺少朋友支持而抑郁的风险将增加。

同伴关系作为孩子校园生活的重要组成部分，对他们的心理健康和全面发展起着举足轻重的作用。良好的同伴关系就像阳光雨露，不仅滋养着孩子的心灵，让他们在校园里感受到温暖与支持，而且会让他们更加积极地面对学习和生活中的各种困难。反之，如果缺乏稳定、健康的同伴关系，孩子可能会陷入孤独、焦虑甚至抑郁的情绪困境，严重影响复学的适应过程和未来的成长轨迹。

正因为如此，深入探讨如何帮助孩子在复学阶段建立和维护良好的同伴关系显得尤为迫切和重要。

同伴关系的类型与应对策略

敏感型孩子的困境与破局之法

敏感型孩子在人际交往中十分关注他人的看法，常常陷入讨好模式，很容易在关系中感到疲惫不堪。家长需引导孩子认识自身特点，例如，让孩子对朋友说："我珍视我们的友情，但有时我会不自觉地讨好你，希望我们平等相处，如果我有这样的行为，请提醒我。"同时，孩子要学会在交往中区分自身与他人的需求，避免过度承担，增强自我边界感，防止在关系中迷失自我。

自我否定型孩子的自救指南

自我否定型孩子对自身评价过低，常常否定自身的优点，内心充满羞耻感，这阻碍了他们发展良好的人际关系。家长要帮助孩子识别这种自我否定，提醒他们停止过度自我批判。例如，孩子取得成绩却自我贬低时，家长应引导其看到自身的努力与成果，鼓励他们接受他人的认可，逐步重塑自信，敢于展现自我价值。

情绪不稳定型孩子的情绪管理与关系修复

情绪不稳定型孩子的人际关系受情绪波动影响极大，他们容易激惹、翻脸。他们需运用情绪调节策略，如认知重评，在意识到情绪波动时主动暂停，调整认知。同时，我们要鼓励孩子向朋友坦承自己的情绪问题。例如，对朋友说：“我有时情绪会失控，容易发火，但绝不是针对你，希望你别介意，我会努力改正。”

交友的智慧

吃亏哲学：小舍与大得的人生智慧

家长应教导孩子在同伴交往中学会适当吃亏。吃亏并不是说要无原则地付出，而是要在平等的基础上学会分享，如同学间互赠小礼物时不必锱铢必较。当孩子因多付出而感到委屈时，家长应引导其将眼光放长远，让孩子明白朋友相交并不是每一次的付出与回报都要对等，让孩子将注意力放在相处时是互相理解与支持上，这既培养了孩子豁达的胸怀与长远的眼光，也是提升孩子心智的过程。

从结伴到团体：拓展社交网络的奥秘

孩子很容易局限于单一的好友关系，家长要帮助他们融入团体。例如，孩子有好友 A，A 与 B 交好时，鼓励孩子接纳 B，扩大交友圈。这样可以避免孩子因单一关系破裂而陷入孤独，增强孩子社交的稳定性。可引导孩子从同桌、室友等身边人着手，寻找共同的兴趣点，积极参与集体活动，逐步扩大社交圈。

寻找朋友的实用路径与方法

孩子复学后，可按以下步骤寻找朋友、构建同辈支持团体。首先，修复或重建旧关系，分享共同的爱好或物品，一起探讨学习上的问题，都是不错的方式。其次，关注同桌及周边同学，因为距离近、接触频繁，与这些人建立联系更容易。再次，室友也是重要的社交资源，共同生活能增进了解。最后，鼓励孩子参加社团，基于共同爱好结识志同道合者，这样可丰富社交生活，获得多元支持。

教师支持网络

班主任是班级的核心管理者，更是孩子校园生活的主要引导者，他们对孩子的接纳、支持与引导，直接影响着孩子能否顺利融入校园环境。各科任课老师作为知识的传授者与课堂氛围的营造者，他们的态度和教学方式同样对提升孩子的学习体验及形成归属感至关重要。

家长如何与班主任及各科老师开展有效沟通，建立起信任与合作关系，为孩子创造有利的复学条件，是孩子复学之旅能否顺畅的重要一环。

与班主任有效沟通的策略与方法

班主任在孩子复学过程中扮演着关键引领者的角色，孩子与班主任建立良好的关系是孩子顺利复学的重要一环。家长需学会换位思考，理解班主任的内心感受。例如，班主任可能对安全问题高度重视，包括孩子自身的安全及其他同学的安全，因为这是孩子在学校稳定就读的重要前提。只有充分理解并尊重班主任的关注点，家长才能在与班主任的沟通中找到切入点，建立良好的关系，为孩子复学创造有利条件。

提供权威证明

家长务必向班主任提供医院或专业机构出具的证明，如实反映孩子的身体或心理状况，确保班主任全面、准确地了解孩子的情况，增强其对孩子复学的信心。

坦诚相告

家长应坦诚地与班主任交流孩子的情况，不要隐瞒或编造谎言。诚实沟通是建立信任的基础，如果家长隐瞒孩子的问题，一旦被班主任发现，就可能导致孩子在学校处境艰难，影响其复学进程。

表达感恩

与班主任交流时，家长要用真诚的话语表达孩子对班主任的尊敬与感恩，讲述班主任过去对孩子的帮助，让其感受到其在孩子成长过程中的重要性，从而激发其责任感和使命感。同时，家长也可诚恳地请求班主任在孩子复学初期给予更多的关怀、包容和支持，为孩子顺利复学创造宽松的环境。

提出合理要求

在与班主任建立良好关系后，家长要巧妙、合理地提出对孩子有利的需求。例如，在孩子复学的前一两个月，尽量避免让孩子参加有排名的考试，以防压力、疲劳和刺激对孩子造成不良影响。同时，孩子不宜参加军训，应避免过度劳累。家长可请求老师在课堂上对孩子适度关心，并避免过度关注引发孩子的局促不安。对于孩子的早自习、晚自习、住校等安排，应根据孩子的实际情况进行灵活调整，给予一定的自由空间。此外，家长要特别关注假期这个关键节点，准确判断孩子的适应情况，如果孩子假期后能正常作息、交流、学习，就表明其已逐渐适应学校生活，反之则需进一步调整支持策略。

得到任课老师的助力

任课老师对孩子的态度和评价会对孩子在学校的整体感受产生影响，这种影响还会间接作用于班主任对孩子的看法。因此积极与各科老师建立良好关系对孩子至关重要。

借助学校关系牵线搭桥

家长可充分利用学校支持网络，将孩子的特殊情况准确传达给各科任课老师，让老师们提前了解孩子的状况，在教学过程中给予适当的关注和帮助，为孩子的学习之路扫除潜在的障碍，营造良好的学习环境。

通过班主任协调沟通

请班主任帮忙向各科任课老师介绍孩子的特殊状况，如孩子可能会因身体问题在课堂上出现注意力不集中、听不懂课或打瞌睡等情况，请老师们给予理解和包容。班主任的协调沟通能有效拉近任课老师与孩子的距离，促进良好师生关系的建立。

家长主动拜访交流

家长亲自拜访各科任课老师也是一种积极有效的沟通方式。在拜访中，家长应如实地向老师介绍孩子的情况，表达对老师的尊重，同时希望老师在教学安排上充分考虑孩子的特殊需求，如适当减少作业量、降低提问频率等。通过这种方式，家长能与任课老师建立直接联系，共同为孩子制定个性化的学习支持方案。

总结与期望

在孩子复学的关键时期，精心培育同伴关系、提高交友智慧和建立支持团体，是他们在校园站稳脚跟、持续成长的核心保障。家长和老师应密切关注孩子的社交状况，及时给予指导与支持，助力孩子跨越复学难关，走向自信、成熟的未来。

家长应主动积极地与班主任及各科任课老师建立良好的关系，让老师了解孩子的特殊情况，获得教学支持。家长要高度重视与老师的关系构建，积极行动，为孩子创造良好的学校环境，助力孩子适应校园的学习和生活，实现健康成长。

第二部分

孩子的社会功能修复与亲子关系重建

在之前的探讨中，我们重点关注了孩子的复学问题，为他们顺利复学提供了全方位的支持与切实可行的指导。接下来，我们将深入探讨孩子在社会功能恢复方面可能面临的挑战。随着年龄的增长孩子尽管已经积累了一定的社会经验，具备了相应的认知能力，但他们仍可能因为各种原因在社会适应方面遭遇困境。

《2024 儿童青少年抑郁治疗与康复痛点调研报告》显示：本次调查样本中，有 27.74% 的孩子无明显症状，已恢复社会功能（回归社会）；有 27.09% 的孩子有残留症状（如未能工作学习），但已恢复社会功能；仍有 28.79% 的孩子有残留症状，社会功能未恢复；另外有 16.38% 的孩子持续有症状，未康复。

现实生活中，社会功能受损的情况时有发生。例如，在社交场合中，恐惧心理使他们不敢主动与人交流，维持人际关系困难让他们无法建立和维系稳定的社交圈子，情感联结断裂使他们在情感上感到孤独和无助，而创伤带来的沉重枷锁更是对他们的生活和职业发展投下了巨大的阴影。

在孩子遭遇困境时，家庭的力量会成为破局的关键因素。父母作为孩子最坚实的后盾，肩负着引领孩子走出阴霾、修复社会功能的重要责任。通过深入洞察孩子的内心世界，精准识别问题的根源，运用科学有效的方法与策略，如激活感觉、重建联结、疗愈创伤、修复亲子关系等，父母能够帮助孩子重拾自信，重建与外界的积极联系，让孩子逐步恢复社会功能，踏上健康成长的康庄大道。

第一章

孩子的社会功能体系

在孩子的成长过程中，社会功能健全与否直接关系着孩子能否在广阔的社会中立足与发展。社会功能由生活功能、职业功能和社交功能等关键支柱共同搭建而成。然而，现实生活中，各种因素都可能侵蚀这些支柱的支撑力，导致孩子的社会功能出现问题，进而影响他们融入社会的进程。其中，社交功能处于核心地位，对孩子的整体发展有着牵一发而动全身的影响。深入了解孩子社会功能的构成要素，剖析社交功能的关键意义，清晰识别社会功能受损的表现，对于家长、教育工作者及关心孩子成长的各界人士而言，无疑具有至关重要的现实意义。这不仅能够帮助我们及时洞察孩子成长过程中的潜在困境，更能为我们制定精准有效的支持策略提供坚实的理论依据，助力孩子顺利构建完整且健全的社会功能体系，让他们自信地迈向充满无限可能的未来。

社会功能体系的构成

社会功能是孩子成长和发展的基础，主要包括生活功能、职业功能及社交功能三个重要维度。生活功能包括基本的生活技能，如买菜、做饭、照顾自己等；职业功能涉及具备相应的职业技能和职业素养，能胜任工作岗位，适应职场环境；社交功能则体现在与人交往、建立关系的能力上。这三个维度相互影响、相互支撑，共同构成了孩子完整的社会功能体系。

社交功能处于核心地位

在孩子的社会功能中，社交功能处于核心地位。一个孩子只有具备了良好的社交功能，能够与他人建立有效的关系，才能更好地融入社会，发挥其生活和职业功能。例如，一个社交能力强的孩子更容易获得他人的帮助和支持，无论是在解决生活难题方面还是在拓展生活圈子方面，都更得心应手，从而实现更高程度的独立自主；在职业发展中也能更好地与同事合作，进行有效沟通，协调各方资源，满足团队需要，进而实现自身价值。反之，如果孩子的社交功能出现问题，就可能引发生活和职业功能方面的障碍，如无法正常与人交往、难以适应工作环境等。

孩子社会功能受损的表现

社交回避与恐惧

有些孩子存在社交回避问题，他们对社交活动表现出极度的恐惧和不安，不敢接触他人，避免与他人建立关系。例如，在学校里，他们可能会尽量避免与同学交流，总是独自坐在角落；在社交场合中，他们会感到紧张、心跳加速，甚至出现呼吸困难等症状。

关系维持困难

还有一些孩子虽然能够与他人建立联系，但在关系维持方面存在困难。他们可能在与他人相处一段时间后突然中断关系，或者无法与他人建立深层次的、稳定的亲密关系。例如，在恋爱关系中，他们可能会因为敏感、多疑而引发矛盾冲突，导致关系破裂；在朋友关系中，他们可能会因为自己的情绪不稳定或行为不当而逐渐失去朋友的信任和支持，使朋友关系难以长久维系。

情感联结缺失

部分孩子在情感上与他人无法建立有效的联结，他们对他人的情感表达缺乏回应，也难以感受到他人的情感。这种情感联结的缺失使他们在社交中显得冷漠、孤独，因而难以与他人建立真正深厚的情感纽带。例如，当父母、兄弟关心他们时，他们可能会表现出无动于衷的态度，无法给予情感反馈；在与朋友相处时，他们也无法理解朋友的喜怒哀乐，无法与朋友同感共情，导致朋友关系疏远。

咨询案例

[来访者（女儿）做完痔疮手术后感觉自己身上一直有味道，这让她在人际交往中感到很苦恼。]

咨询师：你在做手术之前有什么苦恼吗？比如，你小时候的生活是什么样子的？

来访者（女儿）：小时候我挺喜欢热闹的，朋友也不少。但是后来慢慢地我的朋友就没有那么多了，我觉得维系朋友关系比较累。

咨询师：你从什么时候开始感觉维系朋友关系比较累的？

来访者（女儿）：上小学的时候就这么觉得。

咨询师：当你感觉维系朋友关系比较累时，你会不会觉得自己有点讨好他人、有点自卑，或者有点卑微？

来访者（女儿）：会。

咨询师：你能具体说说吗？

来访者（女儿）：上学的时候，我们班的班长和我的几个朋友经常在一起玩。下课的时候他经常把我的朋友叫走，就剩下我自己了。

咨询师：小时候他们就孤立你，是不是？

来访者（女儿）：对。然后我就去找其他朋友。

咨询师：然后呢？

来访者（女儿）：我觉得朋友之间的关系维系起来好累，我就是不相信会有那种什么时候都不会离开你的朋友，我觉得不会有这种人。

咨询师：什么时候都不会离开你？

来访者（女儿）：什么时候都会站在你这边。我就是不相信会有那种什么时候都不会离开你的朋友。我觉得不会有这种人。

咨询师：什么时候都不会？

来访者（女儿）：什么时候都会站在我这边。

咨询师：你不相信有那种什么时候都会和你站在一起的朋友，是吗？

来访者（女儿）：嗯。

分析：咨询师并没有跟她谈有味道的事情，而是转向了她内心的感受，让她从当下的状态回看过去，反思自己，反思自己跟他人相处的方式，洞察自己的自卑感是从什么时候开始形成的。当她抬起头看着咨询师并与咨询师建立接触时，她内心的感受就清晰了。来访者处于体验状态时更适合进行探索。来访者在很小的时候就不相信有人会站在自己身边。她觉得很累，别人抢走了她的朋友，她受到了孤立，她觉得人际关系很难维系。此时再看她遇到的困扰，她说的身体有味道就更好理解了。因为她身体有味道，别人就不愿意站在她身边，她也就不必面对交朋友的苦恼了。

总结与期望

孩子的社会功能由生活功能、职业功能与社交功能紧密交织而成，其中社交功能在整个体系中处于核心地位，对孩子融入社会、实现自身价值起着关键作用。然而，社交回避与恐惧、关系维系困难及情感联结缺失等问题严重阻碍了他们在社会中的正常发展。

希望家长和教育工作者能够高度重视孩子社会功能的发展状况，精准捕捉孩子在社交等方面出现的异常信号。一旦发现问题，要以积极主动的态度，运用科学合理的方法，持之以恒地帮助孩子修复和提升受损的社会功能。同时，也希望社会各界能够营造更加包容、友善的环境，为孩子提供更多锻炼和发展社会功能的机会与平台。相信在多方的共同关注与不懈努力下，孩子们一定能够逐步建立起完善的社会功能体系，在社会生活中绽放光彩，实现人生梦想，走向充满希望的美好未来。

第二章

用感觉触达激活孩子

有些孩子的内心似乎被重重迷雾笼罩，他们对周遭的一切都表现出“无感”的态度，生活的精彩纷呈难以在他们的内心激起一丝涟漪；有些孩子虽然有感觉与需求，却深陷精神内耗的泥沼，无法将内心的渴望转化为积极的行动。我们只有深入了解“无感型”孩子与“有感觉但精神内耗型”孩子的特点，并探寻有效的触达与应对策略，才能帮助孩子们拨开迷雾。这不仅关乎孩子当下的生活质量，更对他们未来的人生轨迹有深远的影响。让我们一同踏上这趟探索之旅，寻找解锁孩子内心力量的钥匙。

无感型孩子

特点

无感型孩子对周围的事物缺乏感觉，情绪低落，对生活失去兴趣和欲望，这种状态被称为“无感”。这类孩子对父母的关心、外界的刺激基本都没有反应，仿佛活在自己的世界里。

触达策略

为了激活这些孩子的感觉，我们需要采取特殊的感觉触达方法。首先，要理解他们的创伤经历和应激反应，对他们保持耐心，给予他们足够的关爱。其次，可以通过创造新的体验来刺激他们的感觉。例如，带他们去参加一些有趣的活动，如旅游、运动等，让他们重新感受生活的美好。最后，还可以借助游戏、音乐等吸引他们的注意力，激发他们的情感反应。

有感觉但精神内耗型孩子

特点

这类孩子有感觉和需要，但由于过度思维和内耗而无法将想法转化为行动。他们经常陷入自我怀疑和自我否定状态，缺乏自信心和行动力，容易被各种困难和挫折打败。

应对策略

对这类孩子，我们要帮助他们降低感觉阈限。可以通过与他们共同参与一些活动，如一起做手工，让他们在实践中发现自己的能力和价值，从而增强自信心。同时，要积极地引导他们学会合理思维，摒弃过度思考的习惯，减少精神内耗，培养积极的心态和果敢的行动能力。

感觉触达

激活内在动力

感觉触达是激活孩子内在动力的关键。当孩子的感觉被激活时，他们会重新感受到生活的乐趣和意义，从而产生积极的情感体验和内在动力。这种内在动力会驱使他们主动参与各种活动，尝试新鲜事物，不断发展自己的能力。

促进情感联结

感觉触达还能促进孩子与他人建立情感联结。当孩子能够感受到他人的关爱和支持时，他们会更加信任他人，更愿意与他人建立亲近的关系。同时，通过与他人的情感交流和互动，孩子也能更好地理解他人的感受和需求，提高自己的社交能力。

咨询案例

咨询师：你委屈吗？

来访者（母亲）：我觉得我不委屈。王老师，我觉得，现在，只要我的孩子一天比一天好，我做什么都值得。我真的非常爱我的孩子。

咨询师：你看，你在整个的表达过程中，一直在表达对你先生的不满；另外一点呢，你是在表达你的孩子的优秀，以及你觉得你的孩子很惨。

来访者（母亲）：孩子这些年是真的不快乐。我就担心这方面对他以后的家庭有影响。你知道吗？王老师，我小时候是我妈妈带我的，她也不知道这些，可是我无形中就代际传递给了我的孩子。我如果不学习的话，我永远都不知道这些。

咨询师：我看你抖得还是很厉害。你平时也这么抖吗？躯体反应这么厉害？不要压抑。你抖也正常。人一生气、一着急就会抖。你该怎么抖就怎么抖。你也不用刻意控制。想抖就抖，平时也……

来访者（母亲）：有这样的时候，但是不多。今天孩子在这里，我感觉比较紧张。

咨询师：你的孩子在这里，你比较紧张，但是没关系。（对孩子）父母都说了。我想听听，当你的父母都表达后，你坐在这里是什么感觉？你妈妈掉了眼泪，是吧？你爸爸坐在这个地方诉说。我想听听你的感觉和感受。

来访者（儿子）：说到感觉的话，有点多。

咨询师：你在这儿什么感受？你妈妈掉着眼泪，哭着表达对你爸爸的不满；然后又表达你很好、很优秀，是不是可以变得更好；但是你很惨，整个童年过得不快乐。她讲了很多这方面的事情，你坐在这儿有什么感受？有没有感觉和感受？

来访者（儿子）：我妈基本上说的是实话。

咨询师：是不是实话我都不关心。我关心的是你坐在这儿听了你妈妈的表达，以及你爸爸的表达，他们各自的表现带给你的感觉和感受。带给你的身体的感觉，内在的感受是什么？

来访者（儿子）：这么多年已经习惯了。

咨询师：所以没有什么感觉。

来访者（儿子）：看着不爽。

咨询师：可以说，就是　就像我们讲的，脱敏了，没什么感觉。你看到你妈妈哭，你也没有什么感觉，或者心里也没有不是滋味。就是没有什么感觉，习惯了。这是我们今天真实的表达。

来访者（儿子）：非要说感觉的话，没什么感觉。就是有点想法，想的就是，在来之前自己已经很急了，在来之前大概半个月就跟你做了一次面对面的交流，已经比较清晰以后我该怎么做对家庭好。我感觉这么多年已经没有任何用了，所以做出来就好。他们两个从结婚没有我的时候到现在，27 年或者 30 年了，一直都是这样。

分析：这个孩子的核心问题是没有感觉、没有感受、脱敏、麻木、无所谓。很多时候厌学孩子的核心问题就是没感觉、没感受、无所谓、怎么都行、没有需要、没有动力、无所谓。此时孩子很难与他人产生联结，跟爸爸没有联结，跟妈妈没有联结，跟这个世界也没有联结。孩子出问题后，很多时候是用想法替代感觉。即使我们询问孩子有什么感觉，孩子也说不出来，所以最好的治愈就是帮助他们恢复感知，提高觉察力。这是最根本的部分。

咨询师：（对父母）不是每个人都要按照另一个人的生活轨迹生活，家里也要有边界，要给他人更多空间。我们自己的期待和需要是我们内心受伤的自己。你们的儿子很好，他也很体谅你们，也很孝顺。你们做得也很好。但是，他有他的思想，你们有你们的想法。（对孩子）上次我们交流的时候我给你讲了，别人很难撼动你的思想。我认为，因为你很难表达感觉和感受，所以你总是活在你认为的世界中。你可能将来也会跟你的心理咨询师，或者其他人交流，但今天，我们要看到家庭问题。看到什么？看到妈妈的创伤，看到爸爸的创伤，同时也看到父母愿意在这个家庭中发挥自己的作用，愿意改变。他们愿意为了你或者为了自己做出一些努力和改变，我认为这就是一个很好的开始。（对父亲）所以接下来我想问问爸爸，从今天开始，你愿意为你自己做点什么，愿意为这个家庭做点什么？

来访者（父亲）：先说为我自己，我要多学习，不管学习什么知识，不管是理财知识也好，业务知识也好，提高自己的能力。然后就是抽时间回去多陪陪孩子，多陪陪老婆，遇到事情和老婆孩子多交流、多沟通。

咨询师：非常好。（对母亲）来，妈妈。接下来，你愿意为自己做些什么，为家庭做些什么？

来访者（母亲）：现在，我感觉孩子也大了，他有他自己的思想，对老公我一点都不操心，我觉得我自己……

咨询师：你愿意为自己做些什么？

来访者（母亲）：把自己的身体养好，把家里的事情照顾好，不给老公和孩子增加负担就可以了。

咨询师：非常好。（对儿子）孩子你呢？

来访者（儿子）：嗯，首先对我自己负责，做好自己该做的事，工作、学习、生活。

咨询师：嗯。

来访者（儿子）：别的就不多操心了，对整个家庭，平时多一点耐心。多一点耐心，再多一点耐心。对，就是这样。

咨询师：请你们三个人手牵着手去体会。闭上眼睛，三个人手拉着手。都闭上眼睛，去感受这种接触。不去吞噬掉对方，不去要求对方，又能够给予对方理解与支持。既不按你的要求去做，又给能给予你理解和支持。保持自我的同时，又能给予对方最大的理解和支持。这就是最好的关系，让每个人都保有自己的爱好、自己的想法、自己的意愿，每个人都能做真实的自我，同时也愿意支持对方，支持对方成为最真实的自己，成为自己最想成为的那个人，彼此相互支持、相互理解，非常好。

分析：很多时候我们会说这是孩子的问题，或者说这是家长的问题，但实际上是整个家庭的问题。我们要做的就是让真正的问题慢慢地浮现出来。很多时候，即使把现实摆在一个人面前，他依然很难有触动，只有当家庭成员之间有接触、有交流，能看到每个人真实的想法，有了情感上的流动时，每个人的内心才能真正有所触动。

总结与期望

在孩子的成长过程中，无论是无感型孩子还是有感觉但精神内耗型孩子，都面临着各自独特的发展困境。无感型孩子需借助理解、耐心和丰富的新体验来激活感觉，打破自我封闭的世界，拥抱外界的美好；而对有感觉但精神内耗型孩子则要通过增强自信心、学会合理思维来减少内耗，将想法转化为实际行动。

感觉触达如照亮孩子内心世界的明灯，不仅能激活他们的内在动力，让孩子主动拥抱生活、探索未知，还能促进他们与他人建立深厚的情感联结，提升其社交能力，为他们融入社会奠定坚实的基础。

希望家长、教育工作者及全社会都能高度重视孩子的这些特殊状态，以敏锐的洞察力和深切的关怀，及时发现孩子面临的问题，并运用科学有效的方法帮助他们。愿每个孩子都能在温暖与支持的环境中打破束缚，释放内心的活力，以积极的姿态面对生活，茁壮成长为自信、独立且善于与他人建立良好关系的个体，在人生的舞台上绽放属于自己的光彩。

第三章

社交接触与社交联结

深入探究孩子在社交接触方面的表现及背后的原因，剖析社交联结过程中出现的各类情绪问题，对我们理解孩子的内心世界、帮助他们克服社交障碍具有至关重要的作用。这是关乎孩子能否健康成长、融入社会的关键所在，也是家长和教育工作者的责任。接下来，让我们一同走进孩子的社交世界，探寻解决这些问题的有效策略。

社交接触问题的表现与原因

表现形式

孩子在社交接触方面可能会出现各种各样的问题，最常见的是孩子不敢主动与他人交流，仿佛自己与他人之间有一道无形的屏障，面对他人的邀请或示好无动于衷，甚至刻意疏离。

他们可能是害怕被拒绝，也可能是对社交活动感到焦虑和不安，因而选择逃避。

原因分析

这些问题的产生主要与孩子的心理状态和成长环境有关。一些孩子可能因为曾经遭受过创伤，对社交接触充满恐惧；一些孩子的成长环境中社交氛围糟糕，导致他们对他人缺乏信任。此外，家庭关系、学校环境等也可能对孩子的社交接触产生影响，如父母过度保护、学校教育方式不当等都可能给孩子造成很大的社交压力。

社交联结过程中的情绪问题

恐惧和害怕

当孩子尝试与他人建立联结时，可能会产生恐惧和害怕的情绪，担心自己被他人拒绝，害怕自己受到伤害，因而不敢轻易地表达自己的情感和想法。这种恐惧和害怕会阻碍他们与他人建立良好的社交联结。

尴尬和羞耻

在与他人建立联结的过程中，孩子还可能会体验到尴尬和羞耻的情绪。他们可能会因为自己的言行不当或表现不佳而感到尴尬，或者因为担心他人对自己有负面看法而感到羞耻。这种情绪会让孩子感到不安，影响他们的社交自信。

其他情绪

除恐惧、害怕、尴尬和羞耻，孩子在与他人建立联结的过程中还可能出现其他情绪问题，如自卑、烦躁等。这些情绪也会影响孩子的社交状态和社交行为，使他们在社交中难以表现出自信和积极的态度。

应对的方法与策略

身体接触与亲近

父母在与孩子接触时，可以通过多与孩子进行身体接触来拉近彼此的距离。例如，父母在适当的时候拍拍孩子的肩膀，或者给孩子一个大大的拥抱，以示鼓励和支持。这种身体接触可以让孩子感受到父母的关爱和支持，增强彼此之间的情感联结。

接纳、认同、参与

家长要学会接纳孩子的现状，无论孩子处于何种状态，都给予充分的理解和支持；同时认同孩子的兴趣爱好，积极参与孩子的生活。如果孩子喜欢玩游戏，家长不妨陪孩子一起玩游戏，了解孩子的兴趣所在，通过游戏中的沟通和交流增进彼此间的情感。

同感共情

家长要学会用同感共情的方式与孩子沟通，理解孩子的感受和想法。当孩子表达自己的感受时，家长要认真倾听，给予积极的回应，让孩子感受到自己被理解和尊重。同时，家长也可以分享自己的类似经历，让孩子知道自己并不是独自面对这些问题，从而增强对孩子的情感支持。

咨询案例

咨询师：我看到当你女儿说“我活着还有什么意义”的时候，你有点情绪，是不是？

来访者（父亲）：不是情绪。我有啥办法？我也没有办法！我是没有办法阻止她的情绪。

咨询师：你想帮她，不知道怎么帮？

来访者（父亲）：对，没有办法。

咨询师：（对小女儿）最近一次（自杀）是什么时

候发生的？

来访者（小女儿）：有两三个星期了。

咨询师：两三个星期之前，用什么样的方式？

来访者（小女儿）：跳楼。我妈妈后来用胶带把窗户封上了。然后还打算换钢网护栏。

咨询师：孩子，你这样的话，其实叔叔还挺心疼的。

来访者（小女儿）：我现在觉得无所谓了。那几天我妈什么样我觉得都无所谓。她要是觉得非要那样的话，我觉得我就没有必要跟她在一块儿生活了。我现在就是对家里的人没有什么感情。

咨询师：对家里人没有什么感情了？

来访者（小女儿）：对，就是像亲戚之间。

咨询师：你转过脸看看你爸爸。你看看你爸爸。你心里什么滋味？你不说话了。你看他一会儿，看一会儿。什么感受？

来访者（小女儿）：多少有一点难受。

咨询师：别过大脑，不是想出来的感受。就看看爸爸，体验体验身体的感觉，那一点点的感受。

来访者（小女儿）：有点难受。

咨询师：（对父亲）你转过头来，你跟她说“我心里其实挺难受的”。说出来，试一试。你再看看她，看看你女儿，你有什么心里话跟她说，看着她说。

来访者（父亲）：我帮不了你。

咨询师：说出来，说“爸爸想帮你，但帮不了你”。来，说出来。看着女儿，说“爸爸想帮你，但帮不了你”。来。

来访者（父亲）：不知道能不能帮助你。

咨询师：说“爸爸想帮你，但帮不了你，孩子”。

来访者（小女儿）：我不想让你帮。我现在就觉得，特别……（对咨询师）我告诉你，我根本不希望他们这样。

咨询师：嗯。

来访者（小女儿）：我又没有让你们做什么。

咨询师：（对母亲）是不是舍不得孩子，心疼了？妈妈，你看孩子掉眼泪，看你老公掉眼泪，你心里什么滋味？

来访者（母亲）：他爸爸这是第一次掉眼泪，我已经哭了无数次。这种事情，我也很无助，真的。

咨询师：孩子说“你这个样子，让我觉得好像是我造成的”。

来访者（母亲）：就是，感觉现在这个家庭里所有人的目光都放在孩子身上。

来访者（小女儿）：他们都围着我转，我会觉得我只要一怎么样，我妈就告诉我爸。我就觉得好像你们这样都是我造成的，我就不应该出现在你们家里。

咨询师：（对小女儿）就不应该？

来访者（小女儿）：我不在了，你们就都好了。

咨询师：会有这种想法？

来访者（大女儿）：出现点什么问题的时候，我妈就特别喜欢用她的付出来绑架我们。

咨询师：（对大女儿）好像妹妹也有这种感觉——好像都是我造成的，我不够好，是不是我让你们受累了。是吗？我让你们，我让这个家变成这个样子，是不是？（对母亲）妈妈听了女儿的话有什么想说的？

来访者（母亲）：反正小女儿只要出现状况，我干预的时候她就会说“我要是不在就不会给你们造成这些麻烦了”。我就跟她解释说“不是，如果这样的话，妈妈不管你就行了”。反正我只要干预，对她来说正好起到反作用。我就怕她年龄还小，做出什么行为。

来访者（大女儿）：我很早就跟我妈说，我觉得这么大点的孩子出现一些青春期的问题很正常，不要太多去关注这个事情，也不要她一出现问题就去干预她，先看看她怎么发展。

咨询师：（对大女儿）结果她现在发展成这样了。

来访者（大女儿）：我妈不听，一有点什么苗头，她就大动干戈。我觉得没有必要。

来访者（母亲）：但是在那个场景下……

来访者（大女儿）：现在的小孩不是都爱学习。肯定有爱学习的，肯定有不爱学习的，为什么所有的人都要爱学习？

咨询师：（对小女儿）你听到你姐姐说的话了吗？有人爱学习，有人不爱学习，是不是？

来访者（小女儿）：我现在觉得学习无所谓。

咨询师：你觉得学习无所谓，是不是？孩子，什么最重要？

来访者（小女儿）：没什么，我现在不觉得什么重要。

咨询师：但是，刚刚你回头看你爸爸的时候，你还是没忍住，眼泪一下子就下来了。

来访者（小女儿）：我也是第一回看我爸爸掉眼泪，但是吧……

咨询师：你还不太愿意看他，也不太愿意表达，对不对？虽然你是第一次看你爸爸哭。

来访者（小女儿）：对。但是，那些不是说全都是心疼我。我觉得，你们为什么都要为我这样或那样。

分析：这个孩子被逼到了极点，三个星期之前刚跳楼，家里刚要换钢网护栏。但是妈妈来的时候并没有说这些，只是轻描淡写地说这孩子有点情绪问题。

在交谈中我们发现孩子已经脱敏了。孩子说和家人没有什么感情，觉得活着没有意义，整个人麻木了，很绝望，反复自杀。她说得很淡定，其实她的情况很危险。爸爸这个时候掉下了眼泪，我们让女儿看爸爸。爸爸忍不住了哭了，女儿很淡定地看着他，后来安静地看了一会儿，开始掉眼泪。女儿从愤怒、感觉活着没有意义及和这个世界没有情感联结，到掉下眼泪，这说明什么？掉眼泪就说明有情感了。如果大家学过格式塔咨询和治疗，就知道咨询师用了接触——用爸爸和女儿之间的对视表达接触，重新把女儿失去的感受性的东西找了回来。当然，我们要注意不能刺激女儿。

当父母把注意力都放在孩子身上，父母做什么都因为孩子时，孩子慢慢地就会躺平，慢慢地就会自罪。这个案例中的孩子表达的就是她的真实想法，她在想“我就不应该活着，我就该死，我活着没有意义”。父母的唠叨、要求或抱怨实际上都转嫁到了孩子身上。

我想强调的是，如果你的孩子已经在医院里确诊了抑郁症，不论是轻度、中度还是重度，大家说话的时候一定要注意。因为抑郁症患者本身就会有自罪感、自责感，认为自己是个包袱。所以我们不要指责他们，不要再把注意力都放在孩子身上，也不要让孩子感到夫妻之间的争吵跟孩子有关系。

大家不要小看案例中的接触，在这次咨询中，女儿看到爸爸流下眼泪后自己也掉下了眼泪。如果有一天女儿控制不住想自杀，爸爸的眼神和泪光也许会拯救女儿的生命。所以我们对自伤、自杀的来访者做自杀危机干预时，都需要唤起来访者对世间的留恋或不舍，或许是父母的眼泪，或许是生命中的温暖瞬间，或许是养过的宠物……来访者一旦控制不住的时候，这些记忆里的留恋或不舍可能会冒出来，这很可能会挽救他们的生命。

总结与期望

希望家长和教育工作者高度重视孩子在社交过程中遇到的这些问题，将这些策略切实地运用到与孩子的相处中。同时，也希望社会各界共同努力营造更加包容、友善的环境，为孩子克服社交障碍提供有力支持。愿每一个孩子都能在充满爱与支持的氛围中勇敢地迈出社交步伐，建立起温暖而稳固的人际关系，在成长的道路上绽放自信的光芒，拥有丰富多彩的人生。

第四章

创伤及其应对模式

明晰创伤如何塑造孩子的创伤应对模式，以及这些模式如何在他们的生活中生根、发芽，最终影响其发展，是我们帮助孩子走出创伤阴影、回归健康成长轨道的关键。这不仅是心理学领域的重要课题，更值得每一位关心孩子成长的家长、教育工作者乃至全社会都深入思考并积极应对。接下来，让我们一同深入探究创伤对孩子的影响。

创伤对孩子的影响

创伤的定义与来源

这里所说的创伤是指孩子在成长过程中经历的各种伤害性事件或痛苦情境，如家庭暴力、校园霸凌等，这些经历会在孩子的心里留下深刻的印记，并对他们的行为产生深远的影响。创伤的来源可能是家庭，也可能是学校、社会等其他方面，任何负面事件都可能成为创伤的源头。创伤也可能来自代际传递。

创伤导致的心理和行为问题

创伤会导致孩子出现各种心理和行为问题，如恐惧、焦虑、抑郁、自卑、社交回避等。他们可能会对特定的事物或情境产生恐惧和回避反应，如害怕与陌生人接触、逃避校园环境等。同时，创伤还可能影响孩子的认知和情感发展，使他们形成消极的思维模式和不良的情绪习惯。

创伤应对模式

行为习惯的形成

面对创伤，孩子会发展出相应的应对模式，行为习惯便是一种常见的表现形式。例如，有些孩子会选择“躺平”，以逃避现实，这会成为他们应对困难和痛苦的习惯性方式。

认知和情绪习惯的固化

除行为习惯，孩子的认知和情绪同样会受到创伤的影响，形成固定的模式。在认知方面，他们可能会对他人和自己产生负面的看法，形成不合理信念，如认为自己不值得被爱、他人不可信赖等。在情绪方面，他们可能会经常感到恐惧、愤怒、悲伤，且难以调节和控制。

创伤应对模式的固化与影响

时间和刺激对创伤应对模式的影响

创伤持续的时间越长、刺激的强度越大，孩子应对创伤的模式就越容易固化。这种固化的应对模式会变得越来越难以改变，严重影响孩子的生活。例如，长期遭受家庭暴力的孩子可能会形成极度恐惧和回避的应对模式，这种模式会影响他们的人际关系和未来的生活选择。

对生活和人际关系的影响

固化的创伤应对模式会对孩子的生活和人际关系造成诸多负面影响。在生活中，他们可能会因为恐惧和回避而错失许多学习、工作和社交机会。在人际关系方面，他们可能会因为不信任他人、自卑等原因难以建立和维系良好的关系，导致自己陷入孤独和隔离状态。

创伤应对模式中的自救与防御功能

自救功能的体现

尽管创伤应对模式可能会引发一些问题，但从积极的角度看，这些应对模式也具有一定的自救功能。例如，孩子通过回避某些情境或人群可避免再次受到伤害，这是他们在困境中保护自己的一种方式。

防御功能的作用

创伤应对模式中的防御功能可以帮助孩子减轻创伤带来的痛苦。例如，孩子通过形成消极的认知模式来降低对他人的期望，从而减少失望并降低遭受伤害的可能性。当然，防御功能是一把双刃剑，在保护孩子免受伤害的同时也可能阻碍孩子的成长和发展。

打破创伤应对模式的方法

认识创伤应对模式的双重性

要打破这种固化的应对模式，首先需要理解孩子为什么会形成这样的模式，认识到模式中自救和防御功能的双重性，从而避免简单地否定或强行改变孩子的行为。

双管齐下的干预策略

一方面，要打破孩子的自我封闭，通过建立信任关系、提供情感支持等方式，让孩子感受到安全和被理解，从而逐渐放下防御。另一方面，要深入了解孩子创伤背后的认知根源，帮助他们重新审视和改变不合理认知，引导他们以更积极的方式看待自己、他人和世界。

咨询案例

案例背景：在孩子成长的过程中，父亲对他极其严格，甚至可以说严苛。孩子不喜欢学习，但父亲将自己的想法强加到孩子身上。孩子无法反抗，对学习更加厌恶，上课像上刑。孩子上大学后厌学，被诊断为重度抑郁伴轻度焦虑，休学在家。父亲经过一段时间的学习，认为自己对孩子的管教有问题。咨询师引导父亲对孩子表达心声。

咨询师：（对父亲）爸爸说自己很愧疚。把你的愧疚跟孩子说说吧。（对儿子）孩子你看着爸爸，好好听听爸爸说什么。

来访者（父亲）：我事事要求你尽量做到完美，事事高标准要求你，总觉得对你要求高一点，你能做得更好。现在，通过学习，我发现自己的做法与自己的目标完全背道而驰。如果能早学些教育方面的知识，可能我对你的教育方法会变得更好一些，不会一味地要求你必须做到什么程度，可能会问问你想做什么，会更多地听一些你的意见。

咨询师：（对父亲）那从今天开始倾听孩子的想法，愿不愿意？现在请爸爸握住儿子的手，不说话。（对儿子）握住你爸爸的手，看着爸爸，去体会这个感觉。体会手上的温暖，两手交握的力量。体会这个感觉，没有要求，没有对抗，你不需要和任何人对抗。（对父亲）说“爸爸错了，爸爸对不起你”。

来访者（父亲）：爸爸错了，爸爸对不起你。爸爸错了，爸爸做得不好。爸爸把你弄成这个样子，爸爸很愧疚。

咨询师：（对儿子）告诉我，此时此刻有什么感觉？

来访者（儿子）：很舒服。

咨询师：很舒服。对，这个舒服的感觉就是最真实的感觉。可以在这个感觉里稍微待一会儿。如果你再看到教室，再看到课本，可能就会感觉被期待。非常好！好，放松。放开手，爸爸和儿子换个位置。请你坐到爸爸的位子上。（对父亲）爸爸坐到孩子的位子上。（对儿子）好，假如这是你的儿子，你儿子刚刚给你讲了很多。他跟你讲，他想把课本都撕掉，他感到很痛苦，他学得很难受，他不想学却不得不学。你告诉我你最想对他说的话。

来访者（儿子）：（扮演父亲角色）我以后不会再强迫你，我会让你走你想走的道路。我不会再强迫你。

咨询师：（对父亲）爸爸听到了吗？（对父亲和儿子）非常好，回到各自的位子上来。（对儿子）在你心里面，爸爸那个刻板的印象是什么样子？

来访者（儿子）：严格管教，我也很……

咨询师：管教，对你要求很严，对吧？那是你印象中的爸爸形象。今天经过这个体验后你对爸爸的印象是什么？

来访者（儿子）：通情达理，有些无助。

分析：父亲自己可能不太明白孩子希望听到什么。所以在这个地方我们用了角色互换游戏，让儿子扮演父亲，表达出儿子自己想听到的一些声音。这样做一方面可以加深儿子自己内在的变化，另一方面父亲能够听到儿子的心声。

通过这些方式，我们调整了父亲和儿子的认知。儿子说爸爸通情达理，有些无助。儿子的情绪软化了，使用的语言都是带有情感的。我们能看到儿子对父亲的看法开始改变了，对父亲的情感也开始改变了。这些都是创伤开始疗愈的迹象。

总结与期望

创伤不但会给孩子留下难以磨灭的印记，还会引发孩子一系列复杂的心理和行为反应，进而形成特定的创伤应对模式。这些模式一旦固化，便如无形的枷锁，会限制孩子的生活与人际关系发展。

我们需双管齐下进行干预，在给予孩子情感支持、打破其自我封闭的同时，深入探寻创伤背后的认知根源，助力孩子重塑积极的自我认知与世界观。

希望家长、教育工作者及整个社会能够形成合力，高度重视孩子经历的创伤及其衍生的问题，以爱与耐心为基石，以科学方法为指引，帮助孩子打破创伤带来的束缚，让他们在充满温暖与理解的环境中重新找回自信，勇敢地拥抱生活，书写属于自己的美好未来。愿每一个孩子都能穿越创伤的阴霾，迎来充满希望与光明的明天。

第五章

创伤疗愈的方法与实践

如何帮助孩子走出创伤阴影是众多家长和教育工作者关注的焦点。格式塔疗法作为一种行之有效的心理治疗方法，为我们提供了独特且实用的视角与路径。这种治疗方式引导孩子直面创伤，释放内心压抑的情绪，帮助孩子逐步实现认知的转变与心灵的疗愈。

接下来，我们将深入探讨如何运用格式塔疗法，结合家长的积极引导，帮助孩子在创伤的困境中寻得解脱，重新拥抱充满阳光的生活。

格式塔疗法的应用

回到那时那地的情境创设

格式塔疗法强调帮助孩子回到创伤发生的情境中，通过语言、动作等方式引导孩子重新体验当时的感受和情绪。心理咨询师和家长可以与孩子一起回忆创伤事件的细节，如时间、地点、人物、情节等，让孩子仿佛身临其境。在这个过程中，心理咨询师和家长要注意观察孩子的反应，包括表情、动作、情绪等，以便更精准地把握孩子的创伤点。

席地而坐和身体接触的意义

在与孩子交流时，选择与孩子共同席地而坐，或者自己席地而坐，让孩子坐在小椅子上，营造轻松的氛围，这有助于孩子顺畅地进入回忆和表达情境。同时，身体接触，如握手、拍肩、拥抱等，可以增强亲子之间的情感联结，让孩子感受到支持和关爱。这种身体接触在孩子表达创伤时尤为重要，可以给予孩子力量和安全感，使他们更愿意敞开心扉。

允许孩子充分表达

鼓励诉说创伤经历

家长应鼓励孩子讲述过去的创伤经历，让他们把内心的委屈、痛苦和愤怒说出来。这是创伤疗愈的重要一步，因为诉说本身就是一种释放。在孩子诉说的过程中，家长务必保持耐心，专注倾听，不要打断孩子，让他们充分表达自己的感受和想法。

释放压抑的情绪和行为

除了诉说，孩子还需要释放压抑的情绪，如恐惧、悲伤、愤怒等。家长要允许孩子表达情绪，甚至表达一些攻击性的想法和行为。如果孩子在回忆中感到愤怒，想对伤害他们的人说一些狠话或已经说出一些狠话，家长千万别着急劝慰或告诫孩子不可以这样做，而应给予理解和支持，让孩子在安全的环境中释放这些情绪。

家长的正确态度

避免打断和解释

在孩子表达创伤时，家长务必保持克制，不要打断孩子或为自己解释。家长的解释往往会切断孩子倾诉的欲望，让他们感到不被理解。家长只需倾听，或者偶尔简单回应孩子的话语，如“嗯”“哦”“是这样啊”等，表达对孩子的关注，让孩子感到自己被理解和认同。

保持好的态度

良好的态度是创伤疗愈的关键。家长要以谦卑、接纳的态度面对孩子的创伤，不要表现出权威或强势的姿态。当孩子撕开自己的伤疤给家长看时，家长要用温和的态度给予回应。这种态度会让孩子感受到家长的真诚和关爱，从而更愿意与家长建立情感联结，这会促进创伤的疗愈。

软化与认知改变

软化的表现与意义

当孩子充分释放情绪后，可能会出现软化表现，如语气变得缓和、开始理解他人的不容易、为伤害自己的人找理由等。这表明在情绪释放后孩子的认知发生了变化，他们开始从不同的角度看待问题，对过去的创伤有了新的理解和认识。软化是创伤疗愈的一个重要阶段，标志着孩子内心的防御开始松动。

情绪聚焦理论的解释

根据情绪聚焦理论，当一个人的情绪得到彻底释放后，会发生认知的重新评估。这意味着孩子在释放了创伤带来的恐惧、愤怒等情绪后，能够更加客观地看待创伤经历，从而改变原来的负面认知。家长要认识到允许孩子充分表达情绪的重要性，不要在孩子释放情绪的过程中强行纠正他们的认知。

补偿与感觉滞留

表达歉意与爱的补偿

在孩子软化后，家长要及时表达自己的歉意。例如，“对不起，爸爸（妈妈）错了，没想到我们以为对你好的方式却给你造成了伤害，让你一个人独自承受这些痛苦。”这种道歉是对孩子的一种补偿，会让孩子感受到家长的悔意和爱意。同时，家长可以通过身体接触，给予孩子情感上的慰藉，进一步强化亲子之间的情感联结。

感觉滞留的作用

在表达歉意和安慰孩子的过程中，家长可使用感觉滞留技巧，让孩子在温暖、安全的体验中多停留一段时间，感受爱和关怀。通过不断重复“爸爸是爱你的”“妈妈是爱你的”等话语，让孩子在大脑中形成新的认知，替代过去对家长的负面印象。感觉滞留可以帮助孩子更好地接受家长的爱，促进创伤的愈合。

做出承诺与惊喜时刻

承诺的意义与要点

家长对孩子做出承诺，表明自己愿意为改善关系负责。承诺不是对孩子的要求，而是对家长自己的约束，让孩子看到家长的决心和努力。例如，家长可以承诺会不断学习如何成为更好的父母，会尊重孩子的感受和选择，等等。在做出承诺时，家长要真诚，避免空洞的言辞。

惊喜时刻的策划

创造惊喜时刻可以进一步强化亲子关系，为创伤疗愈增加积极体验。家长可以根据孩子的兴趣爱好策划惊喜，如为喜欢角色扮演的孩子购买活动入场券、为喜欢足球的孩子购买足球比赛门票等。在惊喜时刻，家长可以表达自己的爱意，让孩子感受到家长的用心和改变。惊喜时刻要投其所好，真正触动孩子的内心，让他们感受到被重视和关爱。

咨询案例

（接第二部分第一章案例）

咨询师：此时此刻你能向我敞开心扉，我觉得挺感动的。你说从那之后再也没有信任过其他人，但今天你跟我说了这么多。所以，我能不能这样理解——那时的你很紧张，活在一个伪装的世界里，你很敏感、很在意别人，但又不想和别人靠近，是不是？我们现在做一个小实验，我现在发自内心地说你长得很漂亮，你听到这句话心里有什么感觉？

来访者（女儿）：我感觉是假的。

咨询师：我相信不只我一个人说过你长得很漂亮，但是你都怀疑这句话是假的，是不是？我知道，你心里也怀疑过自己，你甚至也怀疑过自己身上是不是真的没有味道，这个味道是自己幻想出来的，对不对？

来访者（女儿）：（点头，开始有情绪）对。

咨询师：好像你深信不疑的这个“事实”，实际上你也怀疑过，对不对？“当我身上有味道时，别人就可以不和我站在一起，因为我心里埋下了那颗种子”，就像你刚刚说“没有人愿意跟我站在一起”“所有人都孤立我、抛弃我”。

来访者（女儿）：他们都不值得信任。

咨询师：我们来做一个实验（咨询师搬来两把椅子，一把红色的，一把绿色的，红色的小椅子被放倒），你看着它（红色小椅子），这把椅子就是小时候的你。她倒在那里，她不愿意让任何人靠近，她很敏感，每当有人走近她的时候，她就很紧张、很难受。所以，别人都和她保持一定的距离。当你看到这样一个小女孩时，你心里有什么感受？

来访者（女儿）：很难受。

咨询师：（看着红色小椅子）很难受、很无力、很自卑。她认为没有人愿意和她站在一起，从很小的时候她就这样。你试着蹲下来［咨询师蹲在红色小椅子前面，引导来访者（女儿）也蹲下］。从小学二年级开始，她不愿意任何人靠近自己，因为她的心被伤透了，没人理解她。她对所有人说的话都是假的，她觉得所有人对她说的话也都是假的，没有人真正喜欢她，没有人真正爱护她，没有人愿意和她在一起、和她一起玩，她太累了。她的内心很孤独、很委屈，她一直带着这份孤独和委屈虚假地活着，从小学到初中再到高中，一直到现在。她没有办法，她不知道怎样面对这份孤独，她不知道怎样面对心里的委屈，她不知道怎样面对这样一个怪圈，没有人愿意和她站在一起。她真的很惨，她真的很痛苦。此时此刻，你试着低下头，轻轻地触碰她。闭上双眼［来访者（女儿）闭上双眼，把手搭在红色小椅子上］，对，感受一下她，她真的很惨。当有人靠近她时，她就想跑，她就觉得自己不配。［来访者（女儿）哭了］哭出来，触碰她，体会一有人靠近她，她就会躲开。再次触碰她，她还在躲，她不敢、害怕、委屈，她怕自己受伤。你能体会到她的感受吗？［来访者（女儿）点头］好，现在你用双手触碰她，体会她的紧张。对，当有人靠近她时，她就会感到紧张。她会莫名地感到紧张、恐惧、害怕。她也不想这样，但是她控制不住，她觉得自己不好。告诉我，此时此刻你最想对她说什么，最想对倒在这里的这个无力的女孩说什么？

来访者（女儿）：让我帮你。

咨询师：嗯，“让我帮你”，对她重复这句话。

来访者（女儿）：让我帮你。

咨询师：即使你是善意的，她的内心还是充满了怀疑。她告诉你“我不行，我很自卑，我有各种问题，没有人愿意靠近我，没有人愿意帮助我，你不要理我”。听到她这样说，你会对她说什么？

来访者（女儿）：再相信我一次，我会帮助你。

咨询师：嗯。她跟你说“我很害怕、很紧张、很自卑”，你会对她说什么？试着抱抱她，让她知道你一点都不嫌弃她，对她说“没有人嫌弃你”“我不嫌弃你”。

来访者（女儿）：（抱着红色小椅子）我不嫌弃你。

咨询师：抱着她，想象她在你的怀里，她刚上小学二年级，她很小，她很难受，那时她无法跟任何人说，没有人理解她。此时此刻你抱着她，让她体会这份温暖，告诉她“没有人嫌弃你，你是最好的”。非常棒，让她体会到此时此刻这种感觉是真实的，她是最好的，没有人嫌弃她，她可以做最真实的自己。非常好，放松，深呼吸。（咨询师起身帮女儿把刚才抱着的红色小椅子慢慢地拿下来并放在地上。蹲在女儿旁边）非常好，现在你坐在这把红色的小椅子上。

（女儿坐在红色小椅子上，父母坐在对面早已泣不成声）

咨询师：现在好像我们围成了一个圈，爸爸、妈妈、我和绿色的大椅子都围着你，你现在感觉怎么样？

来访者（女儿）：好多了。

咨询师：现在你的周围都是人，我们都在靠近你。今天我是第一次见你，我客观地表达自己的感受，我离你这么近，这个房间又很小、很封闭，而作为心理咨询师，我对外界的声音、颜色和气味更敏感，因为我接受过相关的训练，但我并没有闻到什么味道。我们现在都在靠近你，你是值得被爱的，值得被靠近的。（女儿轻轻地点头）

咨询师：（对母亲）我看你一直在掉眼泪。此时此刻你有什么感受？

来访者（母亲）：我感觉孩子放松了很多，她心里一直有一些包袱和压力，她内心肯定受过伤。

咨询师：（对父亲）我看你也哭了，平时这样哭过吗？

来访者（父亲）：我平时不会哭。

咨询师：我觉得你们一家人都绷得太紧了，每天都小心翼翼的，什么都不敢说。孩子的体验和感受你们体会不到，而且还否定她的感受，但是她很需要你们的理解，她很真实地感受到了那个味道。爸爸现在有什么感受？

来访者（父亲）：（缩起身体，泣不成声）我今天才知道，她从二年级就……

咨询师：对，从那时起她就被同学孤立，可能当时在她心里就埋下了一颗“没有人愿意和我站在一起”的种子。

来访者（父亲）：今天我对她了解更多了。

咨询师：（对父亲、母亲）你们今天更了解孩子了，觉得孩子很不容易，是不是？每当孩子跟你们讲“我身上有味道”的时候，实际上这个味道对她来讲是有意义的。作为父母，其实我们并没有很深入地了解孩子。我们也该反思，是什么让孩子从小心理压力就这么大，背负这么多东西。

来访者（母亲）：她上小学的时候也会跟我说这些事情，但是当时我没有正确地引导她，我觉得同学之间不要想太多，这个人不跟你玩了，你再找其他人玩。

咨询师：对，所以你们没有从内心真正地理解孩子。她压抑了很久，被压抑的部分一直存在，就像魔咒一样围绕在她身边。这个魔咒越来越强，她不敢打破它，她需要一个合理的理由来继续维持这个魔咒，所以在潜意识里她需要让自己有问题，于是她抓住了做手术这样一个机会。她做的这个手术是真的吗？是真的。做完手术以后她的身体肯定会有一些反应，这些反应是真的吗？也是真的。但是这些反应有没有那么严重？可能没有那么严重，她一定夸大了这些反应。但是这个夸大的部分让她获益了，就是让周围的人不要靠近她（咨询师说着把绿色的大椅子挪开，离女儿远一些），让她觉得是自己不好、自己有问题。（对女儿）你看，现在我们围坐成一个圈，这种围成一个圆圈的状态给你什么感受？你还紧张吗？

来访者（女儿）：（摇头）不紧张了。

咨询师：这个圆圈就像平时你处在某个有很多人

的环境中，就像你和同学、朋友或陌生人围成一个圆圈。其实我特别感谢今天你能跟我说这么多。

分析：我们拿了两把椅子，一把绿色的大椅子，一把红色的小椅子。红色的小椅子代表她；绿色的大椅子代表她的朋友。我把红色的小椅子放倒在地上，然后让她去体验无力、弱小的状态。慢慢地，她感觉咨询中的自己与过去的自己相比是强大的，她是一个强大的自己，而过去的自己是弱小的自己。她之所以现在不敢与他人接触和交流，恰恰说明她活在那个弱小的状态里。在咨询中我们运用空椅技术，让她用现在的自己给弱小的自己赋能。她受过往创伤性事件和经历的影响产生了自卑感，自己讨厌和嫌弃自己，所以我们先要让她为弱小的自己赋能，跟弱小的自己和解，修复和自我的关系，然后慢慢地让她有力量接纳自我，慢慢修复创伤。

总结与期望

在帮助孩子疗愈创伤的道路上，格式塔疗法提供了一套全面且行之有效的方法体系。从创设情境引导孩子重回创伤场景，到通过席地而坐、身体接触等方式营造放松的氛围，进而鼓励孩子充分地表达创伤经历，释放压抑的情绪，家长在这个过程中以全然投入的态度倾听，不打断、不急于解释，接纳孩子的一切感受。

随着孩子情绪的释放而出现的软化现象标志着孩子认知改变的开始。随后，家长通过表达歉意、给予爱的补偿及感觉滞留，强化亲子间的情感联结，给予孩子积极的情感体验，做出真诚且具体的承诺，展现改变的决心，再精心策划惊喜时刻，进一步巩固亲子关系，为创伤疗愈注入更多积极的力量。

希望每一位家长都能深刻理解并熟练运用这些方法，以爱为舟，以耐心为桨，陪伴孩子穿越创伤之河。同时，也希望社会各界能够更加关注孩子的心理健康，为孩子营造一个充满理解、支持与爱的成长环境。愿每一个孩子都能以坚强、乐观的姿态，迈向充满希望的未来。

第六章

修复亲子关系的策略与实践

亲子关系是家庭关系的核心纽带，承载着家人的爱与关怀，关乎孩子的成长。然而，在现实生活中，亲子关系断裂的现象并不少见，这给孩子和家庭带来了巨大的痛苦和困扰。无论是孩子的冷漠、敌对，还是家庭氛围的压抑、疏离，都让人感到痛心疾首。

本章旨在为那些正面临亲子关系断裂挑战的家庭提供全面系统的方法与策略，帮助父母重新找回与孩子之间的亲密联结，重建温暖和谐的家庭环境，让家庭重新充满爱与欢笑，让孩子在健康的亲子关系中茁壮成长。

亲子关系断裂

亲子关系断裂呈现出多种形式。例如，孩子拒绝与父母交流、对父母有敌对情绪，甚至拉黑父母的联系方式、拒绝与父母同住，等等。这些行为表明孩子与父母之间的情感联结遭到严重破坏，亲子关系处于极度紧张的状态。

亲子关系断裂对孩子和家庭都会产生深远的负面影响。对孩子来说，缺乏家人的支持会让他们陷入更深的孤独、自卑和无助中，会进一步加重其心理问题。对整个家庭来说，家庭氛围也会变得压抑，无论是父母还是孩子都会感到焦虑和无奈，整体家庭氛围将不再让人感到温暖和安全。

寻求社会联结资源

面对亲子关系断裂问题，家长千万不要强行让孩子与父母重建联结，而是要采用循序渐进的方式，先让孩子与外界重建联结。

寻找孩子的社会联结资源

父母应积极寻找孩子的社会联结资源，如亲戚、朋友、同学、同事等。这些人可能与孩子有一定的情感基础，有机会成为孩子与外界重建联结的桥梁。特别是那些在孩子成长过程中曾经扮演过重要角色的人，他们更容易与孩子建立联结。

求助要点

在向这些潜在的社会联结资源进行求助时，父母要注意以下几点。首先，真诚地表达请求帮助的意愿，让对方认识到孩子当前状况的严重性及其提供帮助的重要性。其次，强调孩子对他们的看重，告知对方孩子过去经常提起他们，以唤起对方对孩子的深厚感情。最后，表达感恩之情，让对方认识到他们的帮助对整个家庭来说意义重大，如称对方为“全家的恩人”，同时要注意避免道德绑架。

重建社会联结

详细介绍孩子的现状

在与孩子的社会联结资源中的同伴或亲戚等沟通时，父母要详细、客观地介绍孩子的现状，包括作息规律、生活状态等，同时避免掺杂过多的个人情绪，以免影响对方对孩子状况的判断及其帮助孩子的意愿。

互动策略

答应帮助孩子的好心人是潜在的社会联结资源，他们在与孩子沟通交流时，可以使用以下方法和策略。

嘘寒问暖与情感联结：在与孩子初次联系时，多嘘寒问暖，表达对孩子的关心和想念，通过回忆过去共同的经历来拉近与孩子的距离，如提及小时候一起玩耍、上学时的趣事，唤起孩子对彼此之间感情的认同。

避免急于邀请，而应循序渐进。第一次联系不要急于发出见面邀请，而应以一种轻松自然的方式表示未来见面的意愿，如“回头我去找你”。可以通过在网上留言分享有趣的事情，慢慢重建与孩子的联结，而后逐步增加互动频率和深度。

真诚道歉与情感修复

道歉信的撰写要点

写道歉信是修复亲子关系的重要方式之一，道歉信应包含以下内容。（1）真诚地表达对孩子的想念及对自己过去行为的反思，承认自己过去的行为给孩子带来了伤害。例如，描述自己这段时间一直在反省，然后以一件具体的事件为例表达给孩子带来的伤害，再为此真诚道歉。（2）要做好被孩子“刁难”的准备。孩子的“刁难”是他们潜意识里对父母是否真心改变的试探，父母要理解并接纳孩子的情绪，主动表示对孩子的心疼、理解和包容，积极化解孩子的负面情绪。家长要注意尽量不要在道歉的过程中表达自己的内疚等情绪，因为这会给孩子增加负担。

道歉信的后续行动与承诺

道歉信发出后，家长要践行信中的承诺，用实际行动证明自己的改变。道歉不只是缓解亲子关系的方法，更是父母寻求自我救赎的过程。家长要通过调整自己的状态，为孩子树立榜样，让孩子看到父母的努力和决心。

抓住孩子退行的契机

退行的表现与意义

当孩子开始接受父母的道歉并与父母的关系逐渐走近时，可能会出现退行表现，如变得像小孩子一样，对父母过度依恋。这是孩子内心重建对父母的信任和依赖的积极信号，也是亲子关系修复的关键。

正确对待退行的孩子

父母要正确认识孩子的退行行为，给予孩子充分的情感滋养。在与孩子相处时，要采用温柔、关爱的语气，像对待婴儿一样对待孩子，关心孩子的感受，满足他们的情感需求。这种重新养育的方式有助于治愈孩子的心理创伤。

回归初心与重新养育

冥想练习的引导与意义

父母可通过冥想练习找回养育孩子的初心。在冥想中，父母可回忆孩子出生时的场景，感受当时对孩子纯粹的爱和期待；同时作为父母也要意识到孩子是一个独立的个体，有自己的成长道路。这种回归初心的体验有助于父母重新审视自己与孩子的关系，放下在养育孩子的过程中慢慢产生的失望和焦虑，以更积极的心态与孩子共同面对当下的困难。

重新养育的理念与实践

在孩子成长的任何阶段，父母都可以以爱、理解和耐心为基础，重新建立与孩子的情感联结，满足孩子的情感需求，引导孩子健康成长。在实际生活中，父母要从日常生活的点滴做起，如关注孩子的情绪变化、尊重孩子的选择、给予孩子足够的自由空间等，用实际行动践行重新养育的理念，陪伴孩子共同面对成长中的困难和挑战，实现亲子关系的重建，帮助孩子恢复社会功能。

总结与期望

亲子关系断裂是一个复杂且棘手的问题，但通过不懈努力，运用行之有效的办法，我们仍可逐步修复和重建亲子关系。在这个过程中，父母需要有足够的耐心、爱心和决心，通过实际行动去理解孩子，关心孩子，满足孩子的情感需求，为孩子营造温暖、和谐、安全的家庭环境，让孩子重新回归家庭的温暖怀抱。

希望每一位家长都能认识到亲子关系的重要性，珍视与孩子之间的情感纽带。当亲子关系出现问题时，不要逃避或放弃，而是积极主动地采取行动，按照我们提供的方法和建议，努力尝试修复和重建亲子关系。同时，也期望孩子能够感受到父母的努力和改变，逐渐打开心扉，与父母重新建立亲密的亲子关系。让我们共同努力，创造充满爱与温暖的亲子关系，让孩子们在健康、快乐的家庭环境中茁壮成长，拥有美好的未来。

第七章

咨询案例及案例分析

咨询师：来的路上怎么样？

来访者（母亲）：还行。

咨询师：昨天到济南是几点？

来访者（女儿）：昨天早上到天津。

来访者（父亲）：今天到的济南，下午到的。

咨询师：在这边都安排好了吗？住宿什么的？

来访者（母亲）：对，安排好了。

咨询师：一家子真挺好，爸爸真帅，妈妈也漂亮，女孩也好。

来访者（母亲）：谢谢。

咨询师：大老远跑过来不容易。你们可能也看过我以前的直播，是不是？

分析：对开始的这个寒暄，有的朋友可能会认为是多余的。在做家庭辅导时，我们不要一开始就急于进入主题，可以稍微闲聊一下，进行一些相互的交流，再进入主题，这对建立咨询关系是非常重要的。

来访者（母亲）：你的抖音我每天都看。

咨询师：有收获吗？

来访者（母亲）：收获非常大。我觉得，在孩子这个问题上，之前完全是发蒙的。一会儿如果谈到这个，我真的有话要对王老师说。至少我自己感觉我很受教育，而且我觉得收获也很大，至少觉得有方向。

咨询师：嗯。

来访者（母亲）：以前是真的非常苦恼，但是不得要领。不知道问题出在哪里，也不知道怎么解决，怎么面对。虽然我们这个时间不是很长，但是我觉得，至少我现在心里亮堂了。当然，这个过程一定还是很漫长的。

咨询师：这个亮堂就证明我们可能看到点儿曙光了，有点儿力量了。是不是好像有点儿奔头了？我想听听，你们为什么开车从沈阳大老远过来见我？是觉得目前这个家里遇到了什么样的困扰？或者说，陷入了一种什么样的困境？我想听一听。

来访者（女儿）：你先说吧，妈妈。

来访者（母亲）：我先说。王老师您是心理咨询的专家，您一看这个情形应该就能估摸到我们家里的结构、状态。

咨询师：我还真没估摸到，你跟我说说。

来访者（母亲）：我首先说什么呢？我们在来的路上接到这个消息，我说实话，王老师，我真的是很兴奋。感觉很意外，我觉得我太幸运了。因为什么呢？我经常看您的抖音，几乎是只要您在线上，我一定会过来向您学习。您的专业素养让我肃然起敬。这次我跟孩子讲了这件事之后，她居然很爽快地就答应了。当然，在这之前，我们一家三口主要是我在跟您学习。

分析：发言的时候，女儿对妈妈说“你先说”。这代表妈妈在家里有发言权。

来访者（母亲）：她之前对做心理咨询这件事有些排斥。但是，这次她却很爽快地答应了。答应完之后，在路上这么长时间以来，我女儿第一次唱歌，一路唱着歌来的。她非常开心，是唱着歌来的。当时我就很感慨，我说孩子你多长时间没像今天这么开心了？我觉得，如果说完完全全是因为这件事让她这么兴奋，可能有点夸大其词。但是，至少我觉得，通过我的一些只言片语的介绍，以及她来之前也去看了您抖音上的一些相关内容，我相信她可能对您也会有一些她自己的想法。她的外在表现让我觉得，至少这个时刻，她的心里真的是非常轻松、非常开心的。

咨询师：孩子这么开心？

来访者（母亲）：对。

来访者（女儿）：我这么高兴，你心里也忍不住，也开心。

来访者（母亲）：对。因为有了这个问题之后，我们在黑暗中摸索的时间太长了。偶尔出现一些闪光的东西，或者稍微出现一点亮光，都觉得心里很有感触。所以，这一路十几个小时是我女儿——她也不用她爸爸开车——她一个人自己开过来的。您知道，有了抑郁这个情况，她身体会经常出现一些躯体症状，她会经常觉得不舒服。来之前，其实她也觉得这儿难受那儿难受。但是，这一路她的状态很好，很开心，也没用她爸爸，一路十几个小时自己开过来的。所以，至少这个开端让我觉得很喜庆。

咨询师：看到了希望！

来访者（母亲）：对，我觉得是这样。反正我是一个不懂什么大道理的人，但是，我就觉得，这些东西让我很震惊。所以，见到您本人我更有信心了。

咨询师：嗯。

来访者（母亲）：其实说实话，王老师，我是抱着这样的一个想法来的：先让她和您接触，先认识；如果她自己的感觉很好的话，有可能我们会接着继续今后的咨询和治疗。我是抱着这样一个想法来的。

咨询师：我看出来你的激动了。

来访者（女儿）：是啊。

咨询师：（对女儿）也看出来你的兴奋了。也感谢你的信任。这个我都看出来了。我想听听——你妈妈这么激动，你坐在她旁边，就看着她。一开始你没抱这个抱枕，过了一会儿你妈妈说到激动处，你顺手就抱了个抱枕在这儿。所以我想听听，你妈妈讲了这么多，你的感觉或感受是什么？

分析：我们要看到当事人行为上这些细节的变化。女儿在妈妈说到激动处时抱了个抱枕。另外，作为父母，我们关注到孩子在这些细节上的变化能够让她感受到她是被关注的。当然，这是建立在一定的关系基础上的，因为我和她是咨访关系。但是，也会有一些时候，家长关注到孩子的这些情况时，孩子也可能会觉得你在监控她。我们看到了她的一个细节上的变化并直接进行了描述，说“你顺手就抱了个抱枕”，就是让她也留意这件事情。但是我们并没有分析她。例如，“你坐在妈妈旁边，你妈妈说话的时候，你抱了一个抱枕，看起来你对妈妈有恐惧，看起来你对妈妈有害怕，看起来你缺乏安全感。”听到这个描述，孩子开始表达自己的感受。

咨询师：你看，她今天这么兴奋、这么高兴，她说是久违的。在我看来好像是久违的变化。是不是？大老远一个人开车，这么有动力？更何况心理上还有点不舒服，还有一些躯体上的困扰。就算是正常人，我都很难想象自己一个人连续开车十几个小时。因为我太太就是沈阳人，所以我经常去那边。我很难想象，你一个人开这么久。一个人啊！所以，我想听听，你妈妈描述了这样一个积极的、有变化的自己，她的声音、她的语调，她当下这个状态，带给你的感受是什么？

来访者（女儿）：感受？怎么说呢，没有一个词可以很准确地描述这个感受。我觉得抱抱枕这个不是一个下意识的动作。王老师，请见谅。是因为今天身体状况不太好。

咨询师：嗯？

来访者（女儿）：头疼。挺想靠在这个椅子上，但又觉得这么瘫坐着不太尊重，不太礼貌。所以，抱着抱枕稍微支撑一下能舒服一点，因为我现在觉得最困扰我的还是躯体症状。

咨询师：嗯。

来访者（女儿）：跟我妈比起来——我就实话实说——我觉得像您这么专业的咨询师或者说老师比较难得。所以我觉得我必须先敞开自己，把自己真实的想法说出来，才是比较好的求助状态，老师才能更好地帮助我。所以我内心的感受就是，我的愿望相对来说会少一点。这一次，我妈跟我介绍说时长大概是一个小时到一个半小时。我本来心里预估的也是这么一个情况，就是尽可能地让我妈去倾诉。就包括刚才来之前我妈也说，她有很多困扰，或者说对我不满意的地方想找一个倾诉的出口或途径。然后我妈说“你也有很多想要抱怨父母的，你也可以说一说”。但其实，我觉得我没有什么好抱怨的。也不是说对过去的这些事情完全逆来顺受或释怀，而是我觉得，我现在不管是对过去的经历，还是对未来，还有对很多事物或人，直观上的感受更多的是麻木。

分析：女儿说了一句话“直观上的感受更多的是麻木”。这就是临床上常见的一种现象——没有感觉，没有感受，低敏感！一个孩子处在相对低敏感的状态下，她跟外面的世界是拒绝联结、拒绝接触的。她没有太强的社交意愿，因为她是麻木的。抑郁的人、抑郁状态的孩子大多会出现这种没有感觉、没有感受的情况。

来访者（女儿）：其实，我知道这个状态不对，也知道要想把自己的人生走好，就不该浪费过去的一些资质或者经历，我觉得不应该是现在这样的状态。但是，其实我自己是很难控制的，更多来讲就是比较麻木。所以，不是说我想要改变的东西少，而是我觉得自己不会像我妈那样。其实，面对这个疾病，我觉得我妈一直抱有希望，对我有一天会康复很有信心。但是，我跟我妈的心态就比较不一样，我觉得能维持现状就已经很不错了。我已经尽力了！真的，老师，我是真的真的很尽力了！

咨询师：嗯。

来访者（女儿）：但是，可能一个是年纪的原因。我看了老师之前的一些资料，知道出现这种问题的青少年偏多一些。但是，我的话，今年周岁也是三十一了。

来访者（母亲）：是三十二。

来访者（女儿）：三十一还是三十二？

来访者（母亲）：三十二。

来访者（女儿）：三十二了啊！所以，一个是年龄的原因，再一个可能是经历的原因。因为我也是硕士毕业，进入社会工作也好多年了，所以对自己的这个抑郁症的病情多少还是会有一些认知，可能比青少年的认知要深一点。我也很努力地同这个疾病做抗争。但是，我觉得完全恢复是比较难的。

分析：孩子描述了这么多，她实际上是想告诉咨询师什么？我们要看到当事人语言背后的需要。“我现在这样就很好，不想好起来。”不想好起来，没有希望感。“我这样就挺好。我很消极，我不想好起来，也非常难好起来，很难好，维持现状就好。”“我现在对周围的环境一点想法都没有。”无所谓的一种状态。所以她自己讲，“我是比较消极的”。抓住这一点就能看到她的需要，从而更好地了解她。

来访者（女儿）：我觉得完全恢复成正常人很难，一部分是跟自己的经历有关，一部分也跟自己的基因有关。所以我觉得能维持现状已经很不容易了。再一个就是，我很希望通过王老师的帮助让家庭关系好转。其实我发自内心地问自己，我是爱爸爸妈妈的，而且我也愿意接受他们，不管他们曾经的教育方式也好，或者是期望也好，对我造成了什么消极的影响或者其他什么困扰。我觉得，尤其是在我妈、我爸这个年纪，与其说让他们做出改变，还不如我自己去接受，这样更合理。我相信，在他们这个年纪，要求妈妈从今天开始变成什么样爸爸应该怎么样太难了。

咨询师：嗯。

来访者（女儿）：所以我觉得让家长去改变的这种心理期望是很小的。可能是因为之前妈妈给我找过心理咨询师，所以我现在就比较排斥这个。我就是觉得特别浪费时间和金钱。对以往的心理咨询我是比较抗拒的。

分析：她又表达了两层意思。第一个是父母很难改变，她说我不希望我父母再改变，到这个年纪他们很难改变，实际上也就是说父母表现出来的状况一定是很难改变的，她跟父母交流的过程中已经发现了这一点。她又说，父母很难改变，只有我去接纳，那就是我要改变。但是，她求助的意愿又不是很强烈，她没有感觉，她很消极，她觉得自己不好，所以这里就产生了冲突。第二个，她又说了对心理咨询有抗拒，其实这都指向一个点——很难改变：她很难改变，她的父母也很难改变。

来访者（女儿）：我对心理咨询比较抗拒。当然，王老师是个例外。这个我确实有期待。但是，不会像——还是回答您刚才的问题，就是不会像我妈那样，那么激动。这种情绪我达不到。

咨询师：嗯嗯。你看你刚刚讲了这么多——讲了妈妈的情绪，讲了你自己对自我的这种理解以及你与父母之间的关系。你讲这么多，实际上是在告诉我什么？我们用一句话来讲。你好像在告诉我什么呀？

来访者（女儿）：我也有委屈。是这种感受。我觉得作为一个听者的话，接收到这些信息表明这个倾诉的人她也有委屈。

咨询师：嗯。第一点，是我也有委屈。但我好像不想什么呀？我也有委屈，但看起来我很难去什么呀？去表达。第二点，好像我对心理咨询，对心理辅导比较抗拒，因为我觉得我维持现在这个状态已经很不容易了。你刚刚跟我讲“我维持现状已经很不容易了”，你不断地在跟我强调“我维持现状已经很不容易了”，是吧？虽然我妈妈他们很努力，但我觉得我维持现在这个状态很不容易。我对抑郁症很了解，我对心理咨询也了解，也接受过咨询，印象也一般，效果也一般，浪费钱。所以你看你语言里面都透露着什么？

来访者（女儿）：消极。

咨询师：消极是一种状态，透露着什么？在我看来，消极对于你意味着什么？

来访者（女儿）：对，确实心里是这么想的。

分析：在这个过程中，我们把当事人内心的需要澄清了：我不想好起来，我根本好不起来。通过咨询，我们现在知道来访者内心真实的需要是什么了。这就是一个澄清的过程？我们没有猜想她在想什么，我们通过咨询去了解来访者想表达什么。

咨询师：是不是心里想“你用什么招我都懂，这些东西我都做过”。

来访者（女儿）：多多少少心里会这么想。

咨询师：但是，你前面的两句话其实让我挺触动。就是谈到抱抱枕这个事，你说你自己什么呀？你说你今天挺抱歉的。记得吗？你说你自己今天挺抱歉的，你说因为你实际上身体不是很舒服。

来访者（女儿）：嗯。

咨询师：那你依然愿意抱着抱枕，为什么你明明不舒服却不能躺在那儿，还一定要抱着这个抱枕啊？你现在把那个抱枕放在那儿，你试一下，躺在椅子上。

来访者（母亲）：我会觉得特别没礼貌。

咨询师：你试一下，试一下。你靠着。

来访者（母亲）：听老师的。

咨询师：嗯，你试一下。你是不是想这样？你是想这样靠着吗？

来访者（女儿）：嗯，是的。我刚才就想这样。

咨询师：我想说，今天你就是你。

来访者（女儿）：我就是我？我可能会比较希望借助这个力量稍微支撑一下。

咨询师：非常好！支撑一下？支撑什么东西？

来访者（女儿）：嗯，就是会觉得很累……就是一个下意识的动作。

咨询师：下意识的动作。想借助这个东西支撑一下？

来访者（女儿）：嗯。

咨询师：我要获得一种支撑。你闭上眼睛说出这句话。试一下。

来访者（女儿）：我想获得支撑，一种支撑。

咨询师：我很累，我想获得一种支撑。

来访者（女儿）：我很累，我想获得一种支撑。

咨询师：闭上眼睛。仔细体会，然后再说出这句话。不要睁眼，先别睁眼。来，说出来……

来访者（女儿）：我很累，我想获得一种支撑。

咨询师：再来一遍。

来访者（女儿）：我很累，我想获得一种支撑。

咨询师：对，现在，前面加上“你们知道吗”。

来访者（女儿）：你们知道吗？我很累，我想获得一种支撑。

咨询师：再来一遍。

来访者（女儿）：你们知道吗？我很累，我想获得一种支撑。

咨询师：嗯，现在有什么感觉？慢慢睁开眼睛。

来访者（女儿）：还不是很——说这句话不是很自然。平常不太会这样表达。

咨询师：平常不太会这样表达？现在支撑着舒服一点？比刚刚要好一点？获得一种支撑的时候好像要好一点？

分析：来访者一开始表达的时候就讲她对周围的一些事物

比较麻木。所以，启动来访者的感知觉对她来说比较困难。

咨询师：但我很好奇，为什么你强忍着还要拿一个抱枕这样面对我？

来访者（女儿）：嗯——首先是出于礼貌。我觉得这样躺着太随意了，对老师也不是很礼貌。其次，抱这个抱枕一个是因为毕竟有这个东西在——我现在对自己各方面都很不满意，就是稍微遮挡一下自己这个很不满意的身材；再一个就是抱着抱枕我会觉得稍微看起来不那么局促，有一点安全感。

咨询师：那我能不能理解为：你依然想表现一个什么呀？在摄像机前也好，在咨询师面前也好，你依然想呈现一个什么？

来访者（女儿）：想呈现一个什么？

咨询师：什么样的自己？

来访者（女儿）：比较完美的自己。

分析：这就是很多家长在教育孩子的时候或者说跟孩子一起工作的时候可能经常忽略的一个问题，就是我们要从她表达消极状态的时候去挖掘她积极的部分。她说她对自己的身材不是很满意。当她表达对自己身材不满意的时候，其实正说明她想呈现完美的自己。这说明她内在是有力量、有动力的。所以，当孩子向我们表达自己这不好那不好，自己想怎么样的时候，我们要挖掘她内在的积极能量，她的愿望和渴望。她对自我的不满恰恰是渴望变化、渴望向好的动力。

咨询师：非常好。想呈现比较完美的自己。那你的行为和你的话"我就这样，好不起来"一致吗？所以你看，你的行为好像是潜意识里呈现出来的，但也都是真实的，渴望得到支撑，渴望在外人面前表现比较完美的自己。是不是？这和你的语言表达好像是有冲突的。

来访者（女儿）：嗯……

咨询师：我发现了你的冲突。所以我想问问你现实生活中的冲突。也想好起来？表现完美的自己？

来访者（女儿）：嗯。

咨询师：你好像有点情绪。

来访者（女儿）：嗯。就是，现在这种冲突不太会特别困扰我了。

分析：咨询师说"你好像有点情绪"，她"嗯"了一下，然后闪过。说明她还是希望呈现一种麻木的状态。但是刚刚我们很精准地找到了她的内在冲突，把她语言上的表达和她外显的行为所呈现出来的冲突反馈给她，让她看到她内外不一致的地方。她语言上说“不想改变，这样就行了，我也不想好起来”，但是她在行为表现上依然想呈现一个完美的自己。当我们把这个部分反馈给来访者的时候，其实对来访者是有冲击的，这就是很好的治愈的开始，让来访者反思和觉察。

来访者（女儿）：就是习惯了。因为病程真的太长了。所以就会选择主动忽视这种冲突。Sometimes I can，yes of course（有的时候我可以做到），Sometimes I can’t（但有的时候我做不到）。像有两个对立的声音。

咨询师：对立的声音在的时候，这种冲突在的时候，你通常的做法是什么呀？回避？

来访者（女儿）：对，忽视。

咨询师：回避。这就印证了你刚刚说的话，好像你没有什么感觉。你的感觉或感受就一种，不让自己去面对，忽视冲突。因为冲突一旦在的时候就会有什么呀？

来访者（女儿）：痛苦吧。冲突在的时候就会很——心里会觉得不舒服，所以就不去面对，也不去想这些问题。

咨询师：所以就会没有感觉，是吧？

分析：咨询进行到这儿的时候，我心里有点压抑。忽然一瞬间还很心疼。她好像有好多东西没法真实地呈现出来。而且当冲突来临的时候又要回避，不敢体验这个部分，或者说无能为力，这就不仅是累了。可能就是我们经常在临床上讲的，脱敏了，没感觉了，不想让自己有感觉，不想让自己有太深的有感受性的、情感的东西。所以在这样的情况下，她也只能让自己变得越来越回避表达自己最真实的部分。

咨询师：现在怎么样？抱着抱枕靠在那里有什么感觉？

来访者（女儿）：嗯，现在就很放松了。

咨询师：放松一些，是吧？（对父亲）爸爸听到妈妈刚刚讲的，听到女儿刚刚讲的，您此时此刻的感受是什么？

来访者（父亲）：千里迢迢地从辽宁到山东。

咨询师：嗯。

来访者（父亲）：王铮老师的课我爱人听了将近一年时间。

来访者（母亲）：没有那么久，没有……从四月份开始的。

来访者（父亲）：她一直在跟我说王铮老师心理辅导的效果，包括这个……

来访者（母亲）：专业，非常专业。

来访者（父亲）：有时候后期有2+1，也让我一起听。可能我听的还是很少，有限。

咨询师：嗯。

来访者（父亲）：刚才，我爱人就孩子这个事说了她的想法。孩子这个病程，就我自己来说，这两三年心情非常压抑，找不到办法，很闹心，她母亲也是，其实原来身体很不错的，这些年身体变糟糕了。就像孩子说的，她也很委屈。

咨询师：嗯。

来访者（父亲）：我们做家长的也很委屈。只是，我爱人做得更多，着急上火。但是这么多年，从她身体不好开始就吃药了。现在吃完药以后还老发生一些情况。

咨询师：嗯？

来访者（父亲）：她还有身体的，肢体上的反应，我们也很焦虑。她那种痛苦，以前可能还表现出来。现在她也不说了，按照她自己的话说，就是逆来顺受了。我们看着更揪心。

咨询师：嗯。

来访者（父亲）：她年龄也一天比一天大，体形发胖，包括偶尔身体上的哪个器官的病变，肢体疼痛都让我们无所适从。我们成天求医，跑东家医院，跑西家医院。所以看到王铮老师这个2+1以后，我爱人的内心一下子豁亮了，感觉这是一个方向。

咨询师：嗯。

来访者（父亲）：就像刚才说的，我作为父亲也有委屈。小时候我带她比较多，后来是姥姥姥爷带，这个过程当中，可能是因为隔代人的缘故，我们在孩子的教育上缺位了。她现在呈现出来的——我们都受过高等教育——她身上的那些幼稚也好，那些毛病也好，在公共场合的一些错误也好，在我的内心世界我是接受不了的。就不用说是我们这个家庭里，就算不是我们这个家庭，就是在普通家庭，孩子也不应该犯那些低级错误。我们教育也好，不教育也好，不应该发生的事儿在她身上特别多。比如一些生活习惯，遵守公共秩序方面，在她身上都有一些缺失的东西。在我这儿，我看到我就接受不了。我这个性格表现出来就比较极端，比如说，会批评她，而且没有好态度，在她面前没有好脸色。现在我在她心目中好像成为一个她不愿意对话的、没法交流的父亲。但是我自己内心也感觉非常委屈，从小对她成长的付出在这个事情面前好像归零了。

分析：“不应该发生的事儿在她身上特别多。”我们要分析说这句话的人的性格特点。先不管是因为什么事，就从这样的语言中我们能听出什么来？“在这个事情面前好像归零了。”爸爸觉得他付出很多，他对孩子也很好，但是由于他对孩子一些行为上的不接纳，对孩子的一些要求，包括对孩子的批评，让他们之间的情感联结归零了。所以，对于很敏感的孩子，爸爸的作用非常重要。我们说孩子的时候，特别是比较敏感的孩子，一定要注意自己的语言，否则很容易刺激到孩子。

来访者（父亲）：这还好办，你归零就归零。当然，你现在出现这种抑郁以后，我们做家长的，找不到出口的，像这一头白发一样，就全是迷茫了。她好不起来，我这边干着急。她在家里时就躺在床上一动不动。她母亲高兴成这样——你看，她开了十几个小时车。一到这儿，这个病痛的干扰都出来了，甚至说，今天这儿疼那儿不舒服都没提。我说我替她开，她也不要，就是这些东西。其实我也知道她母亲这块儿做得比我好，因为她听了课以后可能提升得更多一些。就是说抑郁这个病在她身上，我们不能用正常人的要求来判断她，但可能我在这方面就是道理上都懂，在现实当中，她一犯低级错误，我可能就承受不了了。甚至说，我可能比她还要着急，情绪来得还快。会遏制不住情绪，说“你怎么能这样”。

咨询师：遏制不住情绪？“你怎么能这样？”这话你是说给谁听的？

来访者（父亲）：就是有情绪，对女儿说的。

咨询师：停！停！你刚刚讲你会说“你怎么能这样”，会遏制不住情绪。你说的是谁情绪这样？你自己？

来访者（母亲）：他说他自己。

咨询师：就是说自己。

来访者（父亲）：对孩子，我内心有谴责。也可能对孩子的教育，包括说没把她这个病上升到非常科学的程度，还是用情绪去面对孩子。因为是抑郁症？怎么这样？就躺着？应该完全可以抗争，可以站起来。

咨询师：嗯？

来访者（父亲）：就是觉得她不至于这样。没把她这个病当作像她说的，我必须躺下来。在我心中，就是应该能站起来。

咨询师：你现在说完了吗？你坐在这儿感觉怎么样？

来访者（父亲）：从我坐下来，我就不是很舒服。

咨询师：不是很舒服，是吗？怎么个不舒服？

来访者（父亲）：嗯，怎么说呢？我们都这个年纪了，可能年轻的时候对孩子期望非常高。现在孩子三十岁了，我们一头白发，变得迷茫了。就在刚才和你对话的时候，其实我也在想，我说什么又有什么用，还是很困惑。真的，有时候像一团乱麻，找不出头绪。

咨询师：当你说这些话的时候，我的感受是“我其实挺压抑，挺无奈的”。一方面，我看到你，我也能想象你曾经是一个大帅哥，是不是？你的头发可能两三年前还是乌黑的，比我的发量都多，是不是？

来访者（母亲）：他年轻的时候头发特别好。

咨询师：挺帅气。关于你的头发你说了三次。包括你说到了妈妈现在的状态，也是因为女儿这个病。（对女儿）孩子你听到这些话有什么感受？

来访者（女儿）：没什么感觉，常常听。这还是比较委婉和缓和的表达。

咨询师：（对父亲）所以，一方面我感到压抑，另一方面我好像忽然理解这个孩子为什么没有感觉了。因为她只要有感觉就是压抑，就会有一种愧疚感：是我把爸妈害了，是我让爸爸头发白了，都是我造成的；

你刚刚那样表达就是让我承认，我好不起来，我现在这个样子把你俩都拖累了；我会有一种负罪感，我心里会很难受、很愧疚，对父母的那种愧疚，但我想好又好不起来；这种愧疚如果时时来袭的话，那我可能就不是中度抑郁了，我可能会更严重，所以我现在最好的办法就是不让自己有感觉。情感隔离，没什么感觉。就像你问的，她说的，而且她刚刚还说得挺有意思的，说这已经很委婉了。所以我很难想象，你不委婉的时候，或者就像你刚刚讲的，控制不住情绪的时候，会不会吼她？都是因为你我才怎么着，我为你付出了多少，我怎么着……或者说，不委婉的时候，你的那个坏情绪、坏脾气可能让她感到压抑。当然，作为一个男人，你不容易，你一定有自己的委屈。你这番表达很真实，我也看到了你的不容易。但是我想我说了，我挺压抑，而且我可能更多的是体会到孩子内心的感受。你想想，如果她在这个层面上对你脱敏，对你没有感觉，对你这个爸爸说的话没有感觉，就像你刚刚讲的，我也没有什么特别的感觉或感受，那她是不是对任何东西都没有感觉或感受了？经常脱敏，经常情感隔离的话，她把任何情感都会隔离掉，隔离掉以后是不是内心就没有什么感觉了？

来访者（父亲）：虽然，有时候我们说话比较重，但她完全是无视的状态。

咨询师：对啊。她无视是因为她对什么东西都没有感觉了。就像这个小牛（一个小椅子），就像这样。你打它一下，它也不觉得疼，喊它一声，它也没有反应。推它一下也没有用，说什么都没用，它是不是没有感觉了？它没有感觉，也不动，因为它没有力量，它对这个世界可能也没有好奇。你说“那你起来”，她起不来。“你看看你把我弄成这样，我这一头白发都是因为你，要不是因为你，我可能现在还是一头黑发”。你试想一下这种感觉？她完全接受了，她自己就会更痛苦；她不接受，她又好不起来。所以，她就会更无力，就像她的胳膊渴望那个支撑，她需要支撑，但是没有支撑，她就只能斜靠着。

来访者（父亲）：作为父亲，我在对孩子的教育上出了问题。

咨询师：不着急不着急。（对女儿）你看到这个有什么感受？

来访者（女儿）：特别想把它扶起来。

咨询师：特别想扶起来？扶不起来。它只能躺着，它没什么力量。它也想起来，但是它起不来。它也想好，但好不起来。别人会说，这多么简单，很简单的事。在外人看起来很简单的事，对它来说就很困难。别人会说，只是让你起来，出去走走，出去看看，活动活动。它都做不到，它只能躺着。它认为没有人能把它扶起来。假如你看到这样一个人躺在这儿，你内心有什么感受？你心里是什么滋味？

来访者（女儿）：我很能理解，就像看见自己的影子。

分析： 咨询师通过隐喻帮来访者（女儿）看到她自己，了解自己的状态，从而唤起她的感知，然后让她接纳自己，这是非常重要的，这会让她的脱敏状态有所缓解，同时这个过程也让父母看到孩子的状况。

咨询师：很能理解？

来访者（女儿）：嗯，我能理解它的感受，但是没办法。那你只能这样，因为我也是只能这样。

咨询师：就像你自己，是不是？像自己的影子。所以它现在只能这样，是吗？但是你刚刚很想把它扶起来。

来访者（女儿）：嗯。

咨询师：你有没有想过，你要是走过去把它扶起来，它会不会不高兴？如果有人来扶你，你愿意接受吗？闭上眼睛想象一下，如果有个人走到你身边，伸出手来告诉你，“孩子，这不是你的错，你愿意给你自己一个机会吗？这不是你的错，你受了太多的委屈，你愿意给自己一个机会吗？”

来访者（女儿）：我怕我做不好。

咨询师：我想，但我怕我做不好。对不对？如果躺着的这个人跟你说同样的话，“我也想，但我怕我做不好。”你会对他说什么？“我也想接受你的帮助，但我怕我做不好”？

来访者（女儿）：“我陪你一起。”我会跟他这么说。

分析：此时此刻，如果你的女儿、你的孩子跟你说“爸爸妈妈，我也想，但我怕我做不好”，你们会怎么回应她？抑郁状态的来访者，抑郁症的来访者，她最想听到的话就是“我陪你一起”。记住这句话。当你的孩子出现这样的问题时，这句话对他很重要。

咨询师：那你试试走过去把它扶起来。慢一点，蹲下来试一下，闭上眼告诉它，我陪你一起。

来访者（女儿）：我陪你一起。别害怕，能好起来。

咨询师：嗯，你坐上去试试。

来访者（女儿）：坐在它上面？

咨询师：坐上去感受一下。

来访者（女儿）：我怕它会觉得我太沉了。

咨询师：你看起来还是很体谅别人的。去触碰，然后继续重复你刚刚的话，我陪你一起。

来访者（女儿）：别害怕。你再试一次，我会跟你一起，你就不用那么害怕了。

咨询师：你就不用那么害怕了，对，如果让你给它起个名字你会叫它什么？

来访者（女儿）：Firework（烟火）。

咨询师：Firework（烟火）。说“Firework（烟火），别害怕，我会和你在一起”。

来访者（女儿）：Firework（烟火）别害怕，I'll be with you（我会和你在一起）。

咨询师：你可以用两只手去触碰它，去体会这个接触。你告诉我，手的接触是一种什么感觉。闭上眼睛。当你触碰到它的时候，它给你的感觉或感受是什么？去体会这个接触。放空自己的大脑，慢慢体会。非常好，非常好。跟Firework（烟火）在一起的时候去仔细体会。告诉我你的手有什么感觉？

来访者（女儿）：Fluffy（毛茸茸的）、Worm（温暖的）、Soft（柔软的）。

咨询师：嗯，非常好！慢慢地找回感觉，非常好。这种感觉会让你想到什么？这一刻，这种陪伴，这种接触会让你想到什么？生命中的什么？

来访者（女儿）：小时候，妈妈抱着我的感觉。

咨询师：非常好，像小时候妈妈抱着你的感觉。你现在双手交叉。对，你可以抱这个抱枕，闭上眼睛，去体会你抱着那个小甜甜的感觉。然后重复你刚刚说的话，我会和你在一起，我愿意再尝试一次，我愿意陪你。说出来，告诉它。

来访者（女儿）：甜甜。

咨询师：非常好。我会陪着你一起。

来访者（女儿）：有点做不到，不太像是对着Firework（烟火）那么自然。

咨询师：当你说到“有点做不到”的时候，你的眼眶红了。

来访者（女儿）：我不太喜欢自己，我不太喜欢自己。

咨询师：你想告诉我什么？说“我做不到，我不太喜欢自己”。说出来，我看你不说话了。

来访者（女儿）：就是自己不太能接受自己，也不太接受自己。

咨询师：实际上，当你不接受自己的时候，就连拥抱自己、支持自己、给自己机会都不想了，是吧？

来访者（女儿）：有一点失望。

咨询师：我们在这儿停一停。非常好，非常好。那你告诉我，现在，你看到这样的 Firework（烟火）是一种什么感觉？

来访者（女儿）：比刚才好多了。

咨询师：是什么感觉？

来访者（女儿）：没什么感觉，但至少不会像它刚才倒着的时候那么难过。

咨询师：在它倒着的时候，你难过？那么，让它站起来的时候，你有什么感觉？

来访者（女儿）：我觉得这才是它，它就应该是这个样子，没有其他什么特殊的感觉。

咨询师：感觉“你就应该是这个样子”？你继续重复这句话“你就应该是这个样子”。

来访者（女儿）：你就应该是这个样子。

咨询师：Firework（烟火），你就应该是这个样子。

来访者（女儿）：老师，我想换一句话。我跟它这么说，它会心里不舒服。

咨询师：非常好。发生了什么事让你想换一句话？

来访者（女儿）：我觉得它不太会喜欢听这句话，它会觉得心里不舒服，如果有人这么跟它说话的话。

咨询师：有人会这样跟你说话吗？

来访者（女儿）：会。

咨询师：谁？

来访者（女儿）：父母都会。他们会说，你应该怎么样，我们这个年纪我们应该怎么样。

咨询师：所以这句话好像是从你的潜意识里不自觉地说出来的，所以你觉察到了，想换一句。

来访者（女儿）：因为我觉得，既然我都不喜欢，那 Firework（烟火）应该也不会喜欢别人这么跟它说话。

咨询师：这么说话好像带着要求，带着命令，是吧？带着压力。假如它听到这句话，它内心会是一种什么感受？

来访者（女儿）：或许它会很受伤吧。

咨询师：会很受伤？它会不会继续倒下去？

来访者（女儿）：我觉得会。

咨询师：觉得会是吗？你应该好起来，你应该站起来，你应该是这个样子，这样说的时候它又会怎么样？

来访者（女儿）：虽然刚才跟它建立了信任，但它应该就不信任我了。

咨询师：非常好，我们在这儿停一停。妈妈有什么感受？

来访者（母亲）：说句实在话，王老师。我此时此刻的感受就是很心痛。孩子也好，这个小牛也好，为什么是这个样子！因为她经历了太多的痛苦，太多的伤痛，作为母亲我全都看在眼里，我的心在流血。开始我也会像她爸爸一样指责她，对她提出各种各样的要求。

咨询师：应该。

来访者（母亲）：对。但是我可以大言不惭地说，我觉得我比她爸爸觉醒得要早一些。在没和您学习之前，我已经认识到那样做好像是不对的，而且不会有什么好的效果，这个层面我已经达到了。我知道孩子其实是在受苦受难。所以作为母亲看见她那个样子心里很难受。一个人只有到了绝境才会用这种麻木来对抗外界对她的折磨。所以我心里非常难受。

咨询师：（对女儿）妈妈说你受苦受难，到了绝境。这句话妈妈以前跟你说过吗？

来访者（女儿）：嗯。

咨询师：说过？那你听了以后有什么感觉？

来访者（母亲）：你实事求是地说，你不用看妈妈。面对王老师，你心里怎么想就怎么说。没关系。你觉得妈妈可能是说一套做一套？

咨询师：（对母亲）妈妈先别说话。先听听孩子怎么说，让她说。

来访者（女儿）：嗯，弄得我都把刚才王老师的问题都忘了。对，妈妈说过这句话。

咨询师：（对女儿）你有什么感受？为什么你妈妈说她是说一套做一套？

来访者（女儿）：我没觉得她说一套做一套，她自己心虚了。

咨询师：她自己心虚了？

来访者（女儿）：我不觉得她是说一套做一套，她最理解我的时候肯定是真的很能理解我。但是，这可能是一个思维方式的问题。王老师，通过短暂的接触，你应该能够感受得到，我妈妈是一个语言表达能力很强的人。打个比方，如果说语言暴力像匕首一样扎我身体的话，可能小的时候一天扎一百次，现在可能一天扎两三次。所以我觉得现在挺好的，我妈妈确实有很大的改变。但是，还是会有很多时候，她可能觉得她说的话不是一种伤害，但是我听完之后还是会特别难过。但是我不会去跟我妈说“妈，你刚才这句话说完之后我特别难过”。我不会这么说。

咨询师：是什么让你不会这样说？

来访者（女儿）：因为我说完之后，我妈会难过。所以，我有很多话不想跟王老师说，也是怕我妈听到。她如果知道我是这么想的，她可能会特别难过。

咨询师：所以，你现在依然在隐藏，或者说没有完全把自己的感受全部表达出来，或者就像你刚刚说的这个部分，你依然在顾及父母的感受。

来访者（女儿）：对。

咨询师：嗯，所以我好像更理解你爸爸的白头发，妈妈的不容易了。天天那样说，好像让你更顾及他们的心情是吗？

来访者（女儿）：对。

咨询师：（对母亲）我发现，在我跟你交流的过程中，你除了一开始坐下来有过微笑，后面始终都是皱着眉头的，双手夹在双腿之间，看你女儿的时候你要斜着身子，这样去看。身体始终处于相对紧绷的状态。

来访者（女儿）：不放松。

咨询师：对，我不知道你到底是什么感受？

来访者（母亲）：确实，一谈到孩子，我整个人就会立马……

咨询师：你也不要因为这个事感觉受到伤害。既然来了，就是想要疗愈自己。所以，你说实话。

来访者（母亲）：跟王老师学习之后，我跟孩子在一起反而有点手足无措。我是北方人，性格很直爽，B 型血。我也是一个挺强势的女人，在家庭里对老公、对孩子，我都会有要求，当然我也是对自己有要求的一个人。所以现在一谈到孩子，我马上就觉得这个世界什么都不对了，就是这种感觉。

咨询师：这才是真实的表达。

来访者（母亲）：我这一生的希望，说句实在话，真的几乎都寄托在孩子身上了。我也为此付出了很多。我现在不是说抹杀父亲，就是想我自己，我确实为此付出了太多。所以突然间有一天要面对孩子这个疾病，我确实是没有思想准备，而且我觉得我也很无知。我以前对这个病，包括怎么去学习，怎么和孩子相处，完全是懵懂的，而且也走了很多弯路。在这个过程当中可能也对孩子造成了很多不好的影响，甚至是伤害。但是，我觉得现在跟王老师学习，可以亡羊补牢。

分析：每每到这个时候，孩子也好，妈妈也好，他们很容易把伤害的部分一掠而过。现在就在讲亡羊补牢了。就像你打了孩子一巴掌以后，说我现在已经在改变了，我对不起你。这个时候我们不能期待孩子知道你不是故意打他的，所以他就要原谅你，毕竟他的疼痛还没有消失。从心理动力的角度讲，这就是回避。

来访者（母亲）：我觉得这个还是值得的。所以我一直给自己打气，给孩子打气。来之前我女儿问我，“妈妈，我还能好吗？”我说：“能。”就是她自己对这件事本身没有信心，“我还能好吗？啊？”然后我一定要告诉她，“你一定能好起来。”这不仅是安慰孩子，也是在鼓励自己。因为我觉得，一个人活在这个世界上，如果失去了希望，那就完了。这个社会，人类历史之所以在前进，就是因为有希望。

咨询师：讲得好。（对女儿）确实印证了你刚刚说的，妈妈很会什么？

来访者（女儿）：语言表达。

咨询师：很会语言表达。那她这样表达的时候，你心里是什么滋味？

来访者（女儿）：习以为常。

咨询师：习以为常？那小时候呢？

来访者（女儿）：小的时候经常模仿她。

咨询师：现在呢？

来访者（女儿）：现在的话，我跟我妈平时说话也会是这样的。我妈说得时间特别长的时候，或者提到自己过去的荣誉的时候，我心里其实有点烦。

咨询师：嗯，你这是真话。

来访者（女儿）：是的。

咨询师：所以我想让你说的就是这番话。

来访者（女儿）：我不太想说，王老师，因为我妈会觉得很受伤。

咨询师：你还在顾及她。

来访者（母亲）：嗯，对，她很善良。孩子很善良。

分析：我们很害怕这样的表达。这个孩子很顾及妈妈的感受，这并不是说孩子很善良，而是说明她内心脆弱、有种无力感。而且她还有一种愧疚、内疚，她不想让妈妈难受，这个和善良没有关系。我经常听到父母说孩子很善良、很纯真。这其实是一种疾病的表现。这个孩子顾及妈妈的感受，一定是她内心有恐惧、有害怕、有担心。她不敢表达，她不能表达，这时候如果父母说一句“你很善良”，那孩子以后肯定不能说了，因为孩子一说就代表自己不善良了。把自己心里的话讲出来就代表自己不够善良了，这是一种道德评判。但是妈妈可能没有意识到，很多家长都是这样。

咨询师：是，所以老师问你什么感受？（对母亲）听了刚刚这番话，我很欣赏你。你是很会表达的一个女性。但是如果我是孩子的话，我会觉得好高大，距离这个家太远了。你看你说那话的时候，你看你还做了一个动作，把你那两撮头发弄出来，像个小女孩一样。所以妈妈平时在家也是和她这样表达吗？这种说话频率？

来访者（母亲）：很多时候我感觉我应该是长篇大论，每一件事情都要讲出一个道理来。比如说，昨天晚上我几乎是一夜未眠，我不说什么原因失眠，就是当我睡不着觉的时候，我就会想很多，比如说今天我们来了要说些什么。

咨询师：我打断一下，你失眠的状态多吗？

来访者（母亲）：不多，偶尔。

咨询师：偶尔。

来访者（母亲）：其实我知道，我也有焦虑情绪，我也焦虑啊。因为我这个年纪，可能也正值更年期，有更年期的一些症状，虽然也不排除生活中的一些压力，但是我自己是有自知之明的。几年前我就有一段时间相当不好，是因为我刚退休，以前忙碌惯了，突然间一下子停摆了，我自己受不了，想了很多。但是只有很短一段时间，后来我就调整过来了，我就认为我完全靠我人为的力量能够战胜这个东西，我也不用去治疗。

咨询师：这句话有没有跟孩子说过？完全靠人为的力量可以战胜。

来访者（母亲）：那我没说过，我说过吗？

来访者（女儿）：嗯。

来访者（母亲）：说过啊？那我忘了。

咨询师：（对女儿）那妈妈会经常说，你看我也没有吃药，我就靠人为的力量，我就走出来了，你看你妈我怎么样。会有这样的表达吗？

来访者（女儿）：经常。不只是说到这个病会这样。

咨询师：就是这种模式？就是比较自我的这种表达的方式？

来访者（女儿）：很常见。

咨询师：嗯，很常见。她经常这样说，是吧？

来访者（女儿）：比如说，如果我有什么事儿没有按照我妈妈想象中的样子、方式去做，去处理，她就会说“一点儿都不像我的孩子。你看你妈我，我今天要想办成这件事，我就会怎么地，你看你遇见事你就特别害怕，就胆小”。就这种表达方式。

咨询师：（对母亲）这些话对孩子造成了一定的影响，是不是？我们再回来。（对女儿）你看，我们说了大概五六十分钟了。孩子，你现在感觉怎么样？

来访者（女儿）：嗯，比刚进来的时候要放松很多。

咨询师：一开始你妈妈先说你为什么要来这儿，她指向了你，是不是？后来，我问了问你的感觉，问了问你的想法。你其实是不接受心理咨询的，是被动而来，对不对？后来又问你爸爸，你爸爸说因为你头发全白了，是吧？自己情绪也不太好，自己有反省。那好。我们聊了这么久，我们现在再来看看，我们的家庭到底遇到了什么问题？（对父母）比如，我看到女儿不愿意来，但是她为了让你们开心，她来了。再比如，她心里有很多话，她其实想说，但是因为顾及你们她又没法说。在我看来，她好像深陷在这个状态里，而且一直还在考虑你们的想法、你们的状态。这是我看到的第一点。这是我看到你们之间的互动给我的认识。妈妈表达起来比较自我一些；爸爸表达起来有自信，但是更多的是在表达怨气，有对自己行为的愧疚，也有对孩子行为的不满；孩子表达的时候更多的是对自己没有信心，再有就是对父母的担心。你看，她一开始在这儿坐着，然后我让她更舒服一点。她想靠在那儿，她说想要一个支撑，那我让她坐在那儿是不是有支撑？当然，离你的距离也就远了，好像远一些。那我刚刚问你们，你们觉得现在如果让你来看一看家里到底出了什么问题，最令你们困扰的事是什么？

来访者（父亲）：我先说一下。在孩子整个成长过程当中，我们作为父母肯定是很喜欢孩子的，只是不太懂她。但是，我们在社会上的行为规范应该还是说得过去的，应该是偏上的。这孩子的言行和她的认知，包括她成长过程中的一些问题——话可能说得直接了——都是错误的。这是用我们的眼光去看，但事实上这不只是我们的眼光，我们是过来人，我们从家长这个身份……

咨询师：（对父亲）谁是错误的？你的行为？

来访者（父亲）：孩子的。

咨询师：在孩子眼里？

来访者（父亲）：不是。孩子的所做所为，成长过程中她做的很多事，幼稚还好，有很多是重大的选择，全是错误的。这让我们家长很无奈，又帮不了她。我们就是苦口婆心地说一说。

咨询师：停一下。

分析：妈妈也好，爸爸也好，对伤害孩子方面的问题都是轻描淡写地一笔带过。例如，妈妈说我有时候肯定伤害过她，但是我现在很积极很努力，有很多改变，我已经变了。爸爸说了一句，可能我们教育上有点问题，但是我们这样的家庭教育是偏上的，至于有什么问题，他没有讲，至于怎么伤害孩子的，他也没有谈。孩子也不敢讲，也在顾及父母的感受。所以，我们要看到这个家庭的模式。

咨询师：你这么一说，我还挺沉重的。我基本上难以想象，一个孩子做什么事都是错误的。在你眼里，她做的所有的事都是错误的？

来访者（父亲）：是，这我不否认。不仅是我这么认为，在我们整个家里都有共识，这孩子在这个问题上，她自己也深受其害。

咨询师：你先别着急。她做的所有的事情都是错的？

来访者（父亲）：正确的少。她这个认知现在也有问题，现在我们通过学习知道，她在认知上老出现问题，所以她做的每一个决定，我们做家长的都得去纠正她，甚至批评她。但她不会按我们说的办，这事让我们最苦恼。

分析：只缘身在此山中。有时候我们对自己的孩子也是这样，却觉察不到的。我们可能觉得我们自己就是对的，孩子就是错的。但是，我们跳出来，反观这个家庭，我们就能理解自己了。我们就知道为什么这个孩子从十几岁就病，一直病到三十多岁，她这个病还好不了。

咨询师：你在这儿停一下。（对女儿）你爸爸说你做什么事都是错的，你听到这话有什么想法？

来访者（女儿）：没什么感觉，本来就是，一直都是这样，他就是这么觉得的。

咨询师：有没有想过反驳，哪怕一次？有没有什么时候想过反驳？

来访者（女儿）：好多年前。

咨询师：嗯，好多年前想反驳？现在呢？现在就不想？现在就是你随便说吧？

来访者（女儿）：对，现在基本上我爸说什么，包括我妈说什么，我就是选择性耳聋，就当听不见。

咨询师：我现在忽然有点压力。因为你看，我在你妈妈心中还挺高大，而且我是你妈妈请来的救兵，对我你是不是也选择性耳聋？这不是你能控制的，控制不住的事。我忽然又开始想，爸爸刚刚说的“你做什么都是错的”这番话。如果我不知道女儿有什么感受，会是什么状况。可能你从小就知道自己“做什么都是错的”，而且你刚刚还坐实了这个事儿，是吧？一桩桩、一件件都证明你做的都是错的，你深受其害，是不是？（对父亲）我今天特别想请爸爸来试一试。爸爸坐在这个小椅子上，试一下。你努把力，坐在那儿。

来访者（女儿）：老师，我坐在那儿那会儿特别局促，特别堵。

分析：孩子说，离她爸爸近了会感觉到很局促。咨询师试着让爸爸坐到小椅子上，想让他试着做一个相对弱势的爸爸。因为他总是指责女儿这也错那也错。咨询师试着让他坐到小椅子上，变成一个弱小或者示弱的爸爸。让女儿坐在一把高大的椅子上，体现这种两极冲突。看看对女儿有没有帮助，对这个家庭有没有帮助，能不能引起家庭成员的反思。女儿是有排斥的，但是她依然愿意尝试一下。

咨询师：（对女儿）对。就这样。看我，学着做这个动作，好吗？好。你现在说他“你做什么都是错的”。

来访者（女儿）：我没有那个气场。

咨询师：你试一下，你尽量表现爸爸过去的那个气场。来，一二三，试一下。没事，你尽量。不一定百分之一百。妈妈不要说话。

来访者（女儿）：你就是精神病。你就是不正常。别人家的孩子谁像你这样？你说你那个样！不纯是精神病吗？你就是恶魔。家长有你这样的孩子都得死在你前面。每个人都是独立的个体，你活着有什么意义啊？就你这样，你还不如死了！够了吧。

咨询师：对，你指着他说“你做什么都是错的”。

来访者（女儿）：你做什么都是错的。

咨询师：再来一遍。

来访者（女儿）：你做什么都是错的。

咨询师：做什么都不对。事实证明你做的所有的事都是错的。来，指着他说。

来访者（女儿）：你做的事没有一件是对的，事实证明，全家人为你深受其害。

咨询师：非常好。（对父亲）什么感受？说说你坐在这儿真实的感受，不用过大脑。听到“你做的事没有一件是对的，事实证明，全家人为你深受其害”你有什么感受？

来访者（父亲）：父亲不应该这样说孩子。

咨询师：不是不应该。心里是什么感受？别人说，家长有你这样的孩子都得死在你面前，你就是个恶魔。你什么事都做不对。你心里是什么滋味？你去体会这个感受，最真实的、最原始的感受。这就是你女儿心里的感受。她可能还不熟练。你想，她是一个女孩啊。女儿是父亲的小棉袄啊。你告诉我，你心里是什么滋味？别人说你什么都做不对，你就没一件事做对的时候，全家人都深受其害，你还不如死了，你告诉我，你心里什么滋味？当有人而且是最亲的人这样跟你说的时候。你的爸爸如果对你这样说，你心里是什么滋味？你还有力量吗？

来访者（父亲）：心寒。

咨询师：心寒。不着急。你还能改变吗？你改变不了，是不是？没力量，什么都不想做——我就这样吧。

来访者（父亲）：自暴自弃。

咨询师：你会自暴自弃，你会心寒。（对女儿）你当时有没有这种感觉？会自暴自弃？会心寒。

来访者（女儿）：会寒冷。自暴自弃？嗯，好久以前可能会。小的时候可能会。

咨询师：（对父亲）所以你看，父女还是心连心的。现在，抬起头来。现在呢，现在有什么感想？

来访者（父亲）：这个是父亲的失职。

咨询师：有自责。有愧疚。以前跟她说过愧疚吗？

来访者（父亲）：没有，这也是我性格的弱点。在孩子面前说话很强势，很硬气，没有柔软的东西。

咨询师：我终于明白是什么让她情感隔离了。一个家长在不断否定她，很强势，说这样的话；另一个家长爱讲大道理。所以你心里有内疚、自责，是吧？也没有跟孩子说过。今天体会到孩子的感受了？

来访者（父亲）：坐在这个小椅子上有感觉。

咨询师：坐在小椅子上有感觉，是不是？你看着女儿，试一下。你看看她，先别说话，只是看看你的女儿。她从小，从很小的时候慢慢长这么大，一点一点地长大，她是你看着长大的姑娘。你还记得她小时候的哪些瞬间？你想想，你怎么舍得这样，用这样的话去伤害她？看着她，别逃避。你刚刚说到你的弱点，你说你说不了那种软话。看着你女儿，你现在心里是什么滋味？告诉我。此时此刻，看着女儿。

来访者（父亲）：爸爸没有很好地爱自己的女儿。

咨询师：说出来。告诉她。

来访者（父亲）：小时候带着你玩，也给了你很多陪伴。但是……

咨询师：看着你女儿。小时候，包括上小学，很多关键的时候……

来访者（父亲）：爸爸做得不是很好，对你的成长没有关爱，没有真正的……从内心里其实有爱，但是不会表达，表达得也不合适，给你造成了伤害。

咨询师：说“女儿，爸爸错了，爸爸对不起”。

来访者（女儿）：不用了，老师，没事。

咨询师：（对女儿）没事。你看着他。

来访者（女儿）：哈哈。

咨询师：看着他。你的模式又来了。看着他，学会接受。（对父亲）说出来，把你的内疚表达出来。

来访者（父亲）：你小时候打羽毛球，我带你去玩，因为你打得不好，我跟你急眼。那些都是爸爸的问题。其实这件事你跟我说过，这是从小给你带来的伤害，是爸爸做得不好。每当你做得不符合爸爸的要求，达不到爸爸希望的那个样子，爸爸就表现得非常糟糕，这是爸爸的错。

咨询师：（对女儿）看着爸爸。（对父亲）说“爸爸错了，爸爸对不起你”。说出来，看着你女儿说。

来访者（父亲）：爸爸用自己的想法要求你，有时候你做得不好，我就哀其不幸，怒其不争，表现得太激烈了。爸爸做得不好，爸爸错了。

咨询师：不急不急。看一会儿，说对不起。

来访者（父亲）：对不起。

咨询师：用手去抓住你女儿的手。看着你女儿。跟她说对不起。放松，别咬嘴。

来访者（父亲）：爸爸对你期望太高了，希望自己的女儿方方面面都非常优秀，可能期望越高最后对你的伤害越大，还是希望你尽快走出来。爸爸对不起，爸爸会改正。

咨询师：只说“爸爸错了，爸爸对不起”。就重复这两句话，其他的什么都不要说。

来访者（父亲）：爸爸错了，爸爸对不起。

咨询师：看着女儿。再来。

来访者（父亲）：爸爸错了。

咨询师：（对女儿）放松，闺女。看着他。你在逃避，你在走神。你爸多长时间没碰你的手了？

来访者（女儿）：从来也不会，就是……不太会。

咨询师：今天这个互动感觉怎么样？

来访者（女儿）：嗯，不太好。哈哈哈……

咨询师：你的感觉不好，是吗？

来访者（父亲）：你开车的时候我还给你揉脖子。

来访者（女儿）：人家说拉手。拉手确实不太得劲。

咨询师：不舒服。是吗？

来访者（父亲）：这是爸爸做得不好。

咨询师：放开。我明白了。我好像发现了一个新的部分。我终于明白，你好像很害怕他们有一些情感的表达，对吧？

来访者（女儿）：嗯，最好不要。

咨询师：你很害怕，你有恐惧。所以我明白。一方面你会顾及他们的感受，另一方面你担心父母对你做些什么。我好像看到了新的东西：你担心他们向你表达情感。

来访者（女儿）：我就是觉得有些别扭。

咨询师：当这个情感来临的时候，带给你的是什么感受？先不用觉得。

来访者（女儿）：别扭。

咨询师：好，别扭。从小到大没有过，所以别扭。是这样吗？在外面认识了男朋友，开始交往，当他向你表达爱意的时候会别扭吗？

来访者（女儿）：不会。

咨询师：那个就不会别扭。但是来自父母的情感表达就会感觉别扭？

来访者（女儿）：妈妈还好。

咨询师：就是对爸爸？

来访者（女儿）：嗯。

咨询师：你爸爸从小到大没有这样表达过？（对父亲）现在回到你的位置。非常好，非常好。你刚刚说坐到小椅子上就有感觉了。你先坐回来，好，辛苦了。你现在坐在这儿的感觉或感受怎么样？

来访者（父亲）：应该说，这是一个正常人应该有的一种感觉。

咨询师：嗯嗯。

来访者（父亲）：坐在那儿就像是……

来访者（女儿）：受审判。

来访者（父亲）：对。像被审判。或者是很渺小，感觉自己很渺小。

分析：爸爸感觉自己很渺小，像受审判。这就是一种真实的体验。每当我们让父母坐到小椅子上去感受孩子的无力时，父母都会有这种体验。如果你现在还很难理解你孩子的状态，你也可以在家里找一个儿童座椅，坐在上面去体会那种无力的感觉。

来访者（父亲）：被别人批评、羞辱，甚至是指责，像一个受气桶。

咨询师：所以你能够理解女儿成长经历中你对她的那种表达？能理解是吧？

来访者（父亲）：嗯。

咨询师：所以这也是一个很大的收获，是不是？不容易！（对女儿）你坐回来的感觉怎么样？离你爸爸有一段距离了。回到这儿舒适多了？

来访者（女儿）：嗯。

咨询师：我发现，你现在双脚翘起来了。每一次我让你去进行体验，你回来的时候都会稍微舒服一点。虽然你没有强烈的情感表达，但实际上你自己的状态在慢慢地发生变化。我其实还是蛮开心的，因为我们心理咨询有一句话叫“语言都是骗人的”。就是说，有时候我们讲的话可能是骗人的，但是，我们的身体，我们内在的感受骗不了人，就像你现在这个小腿，两条腿翘起来了。你想想看，你现在俨然是一副什么样的状态？

来访者（女儿）：比较轻松了。

咨询师：比较像做什么呀？

来访者（女儿）：孩子吧？

咨询师：非常好。对，很真实，像个小女孩。所以你看，此时此刻面对你爸爸的时候，你像个小女孩。你什么时候能像孩子？一个人能在父母面前表现得像孩子说明了什么？这样就不会选择性耳聋了。非常好。我也看了你的案例。我个人感觉，可能还有一些涉及隐私的部分没谈，所以今天我们对一些深度的东西没有进行探讨。最后，我也想听一听每个人现在的感受。接下来每个人愿意为自己做些什么事？愿意为自己，不是为你妈，不是为你爸。每个人现在都为自己，都回到自己身上，好不好？（对父亲）从爸爸开始。此时此刻，你的感受，你的领悟是什么？接下来你愿意为自己做些什么事情？

来访者（父亲）：做今天这个咨询，是因为我们家这个孩子是一个病例。其实，在这个过程中我们做家长的也重新认识了孩子成长过程中我们家庭存在的问题。尤其是我作为爸爸，通过现场的调整，我认识到自己个性上有一些毛病、问题，可能给孩子带来了极大的伤害。尽管孩子年龄比较大，可能我操之过急了，反复提自己头发白了——其实没少着急。听王铮老师说了好多次不急，今天我也有这个信心。尽管孩子年龄偏大，但找到方法的话，孩子一定会走出来。我个人首先要打开我自己。其实，这孩子有病以后这几年我的内心世界发生了很大的变化，包括与外界交往，人前人后的状态，包括个人的内心世界，都很压抑。我在这个家庭里制造快乐的能力，信任的能力，给予的能力越来越弱，甚至有一些后退。通过今天的咨询，我直接感觉到，首先我自己要振作起来，我把我自己整理好，才能去帮孩子、帮家人。

咨询师：非常好。（对母亲）妈妈说说你的。

来访者（母亲）：我今天亲眼见证了王老师的专

业。因为这么短的时间，我感觉王老师很敏锐，一下子就捕捉到我们家庭的问题、症结在哪里。每个人在家庭里的状态您没有直接告诉我们。但是，通过您刚才的这一番演示，包括爸爸和女儿所做的这一切，我都看在眼里，深有感触。所以我觉得学习永远不晚。这句话我更想告诉我女儿。

咨询师：你不用说这些。

来访者（母亲）：如果说要对我自己说一句话的话，我觉得我现在最重要的是要把我的健康调整好，因为只有我自己健康了……我现在最大的困扰就是年龄，说句悲观的话，我们也是奔六的人了。

咨询师：看不出来你是奔六的人。

来访者（母亲）：快六十岁的人了。

咨询师：看着和我年龄差不多。

来访者（母亲）：这倒没有。王老师，我们也是快六十岁的人了，孩子有了这个病之后，就像爸爸讲的，我们的生活其实是后退的。悲观来讲，其实我们这个年纪几乎是人生一眼就看到尽头了。是这样的一种感觉。所以，有的时候确实感觉有点力不从心。所以这个时候我觉得对我来说最关键的是要把我的健康保障好，只有我自己健康了，我才有能力去陪伴我女儿。

我自己暗暗下决心，我说我一定要尽量长寿，因为我女儿需要我。

咨询师：长寿不是为了你女儿。

来访者（母亲）：但是我内心是这样想的。

咨询师：那你这样想就完了。如果我是你女儿，我不敢好起来，我好起来你就不长寿了，你就走了。这话可能不好听。所以你看，你所有的想法、所有的思考都是在为别人，为她，她就会永远有压力。这句话你有没有体会？我现在要长寿，我长寿就是为了她。我妈长寿是为了我，那我就不能好起来。

来访者（母亲）：但是我说的确实是实在话。王老师，我觉得我这句话说得可能有点重，但是，我始终觉得我女儿真的还是离不开我。

咨询师：嗯。这才是核心。咱们第一次咨询就到这儿。你有根深蒂固的东西，你的家庭问题就在你这个部分。我们后期再交流，好吧。你觉得你女儿三十多岁了离不开你？我不觉得她离不开你。爸爸说她从小到大没有做过对的事，你说她离不开你；你说我要长寿，因为我得陪着她。这些语言无意中都在告诉她，女儿，你的病好不了。这才是核心的问题。少一点觉得，多一点自我关注，少一点干涉，多给她一点自由空间和信任，她自己能从沈阳开到这儿来，这说明什么？

来访者（母亲）：其实她是有能量的。

咨询师：是吧？当然是。（对女儿）最后我想听听你的想法，或者接下来你愿意为自己做些什么？

来访者（女儿）：让自己更放松，放轻松一点。

咨询师：孩子想让自己放轻松。做些什么让自己放轻松？每个人都渴望自己放轻松，是不是？

来访者（女儿）：更努力地去接受自己吧。

咨询师：更努力地去接受自己。想让自己放轻松一些，是吧？那咱们今天就到这儿。好吧。今天我们谈了一个半小时。也感谢大家。我想，这么复杂的问题，肯定不是一次咨询就能有结果的。你看，爸爸有反思，妈妈有反思，包括你，也愿意接受咨询。是不是？一切都会好起来，好不好？咱们今天就到这儿，感谢。

分析：妈妈没有错，爸爸也没有错，孩子也没有错，我们不会认为哪个人做得不好，哪个人做错了。肯定是家庭模式、家庭关系、亲子关系给孩子造成了一些影响，让孩子呈现出脱敏的状态，让孩子内心真实的想法没有办法表达。但是，好在妈妈没有放弃，孩子其实自己也没有放弃，爸爸也没有放弃。我想，大家在这个过程中可能会有卷入，因为有的家长，有的咨询师可能会有移情的部分，有卷入的部分，会产生一些评判，评判家长的对错，孩子的对错。其实，没有什么对与错。每一个人在成长的过程中都可能受伤。这个孩子实际上就是脱敏了、麻木了、情感隔离了。在这次咨询中，我们试着让她找回一点感觉或感受。在家庭治疗中，我们促使他们之间产生了一些互动，让父母有了一些反思。

我相信，从今天开始，当这个爸爸再向女儿表达一些情绪的时候，一定会有一些觉察——我不能再这样说女儿了。我相信这个妈妈可能在和女儿交流的时候，也能稍微停一停，说一些真实的、温暖的、有情有爱的话语。我也相信，这个女孩她能开车这么远，十几个小时开到济南，她也一定有力量追寻她自己的幸福。所以相信很重要，谁也不会离不了谁，关键在于我们愿不愿意和她分离，愿不愿意让她成长。